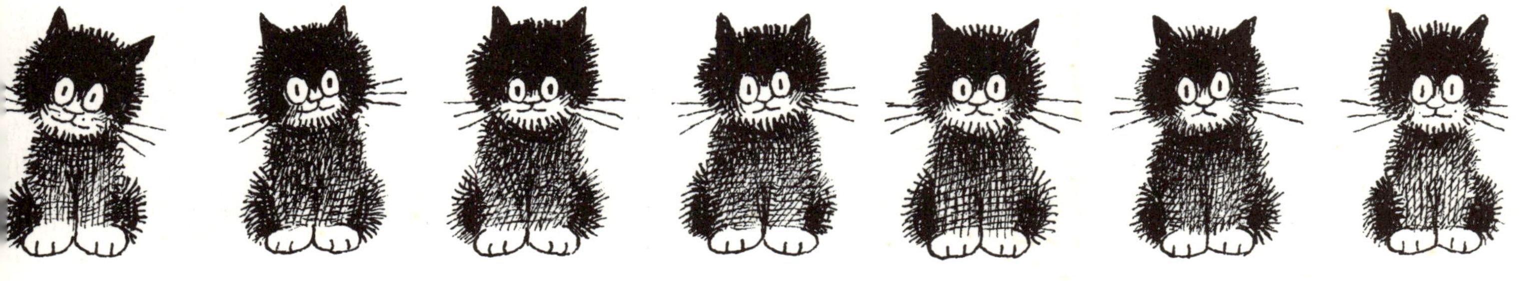

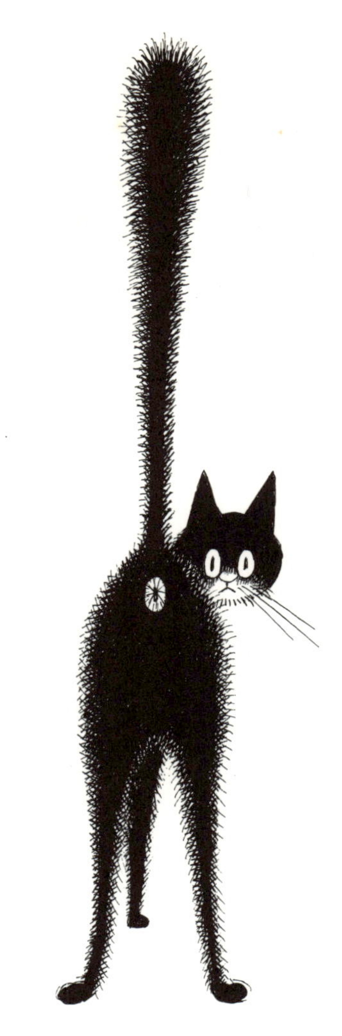

Maquette : Massin
ISBN 2-905292-07-05
Dépôt légal 2e trimestre 1987

les chats de dubout

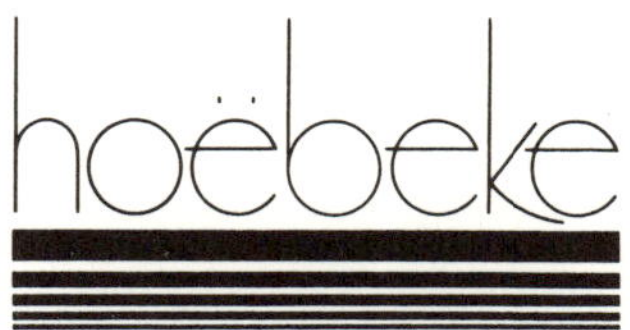

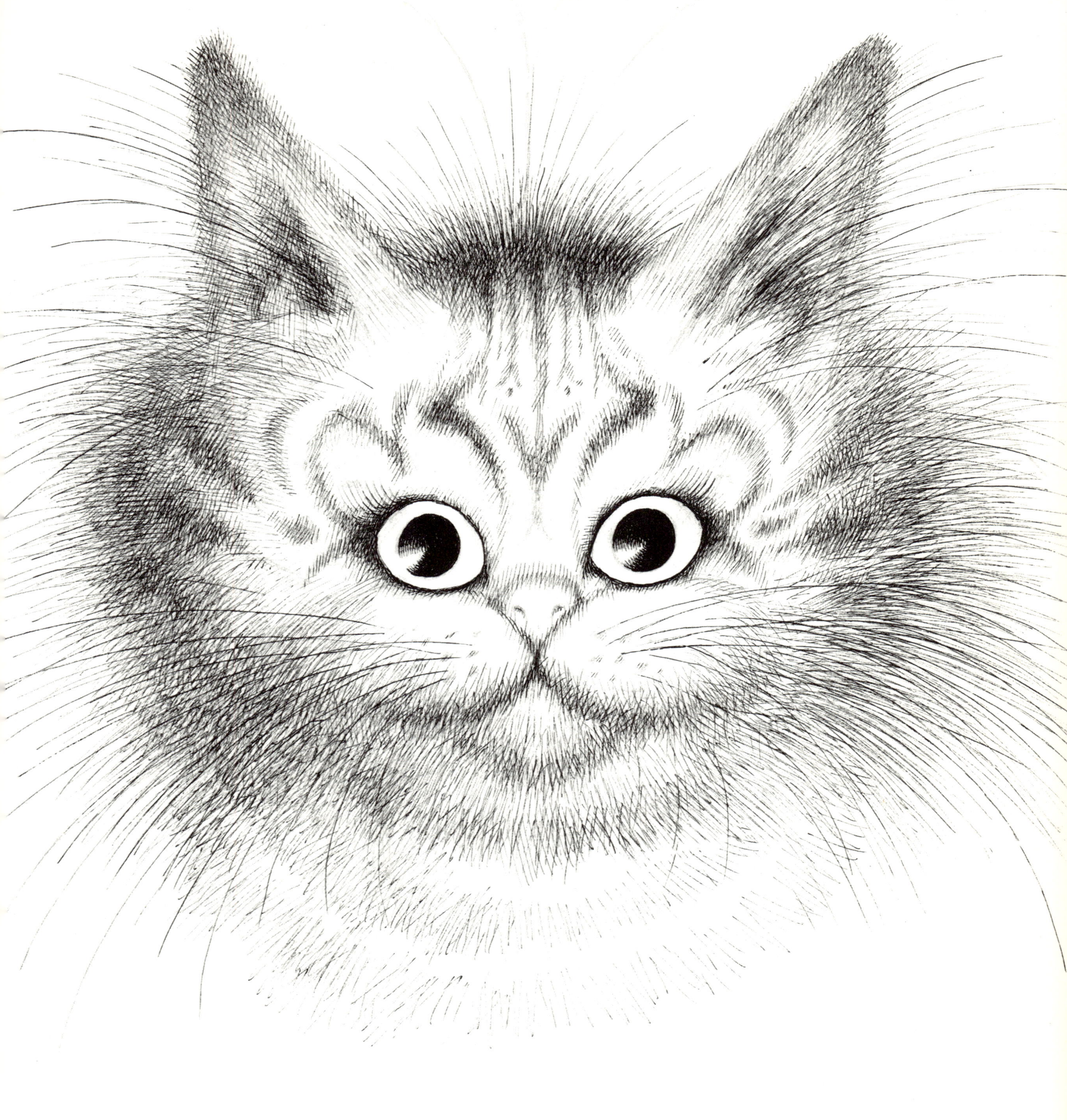

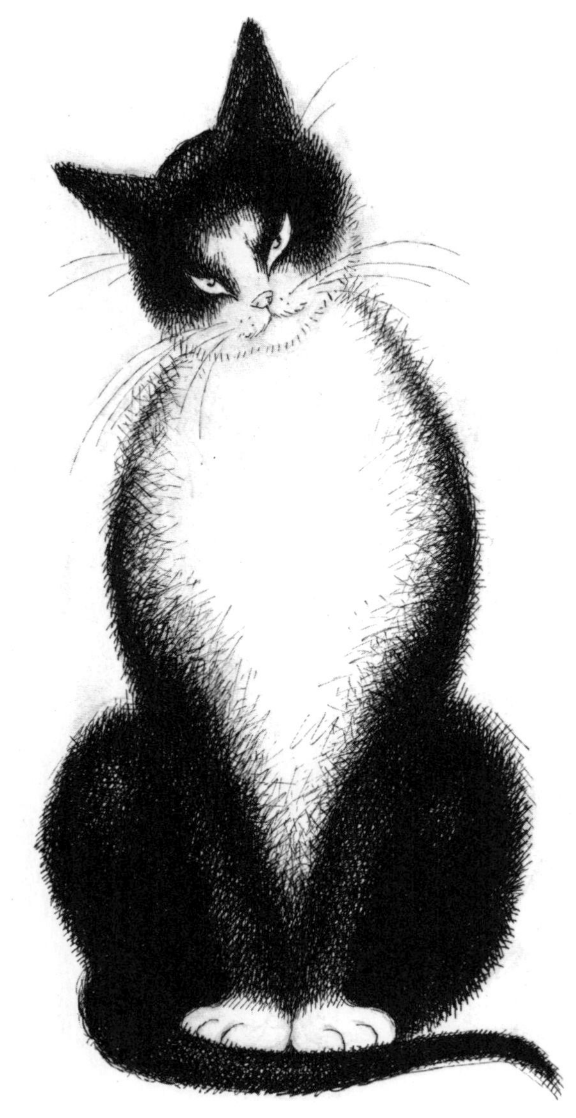

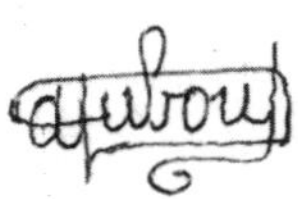

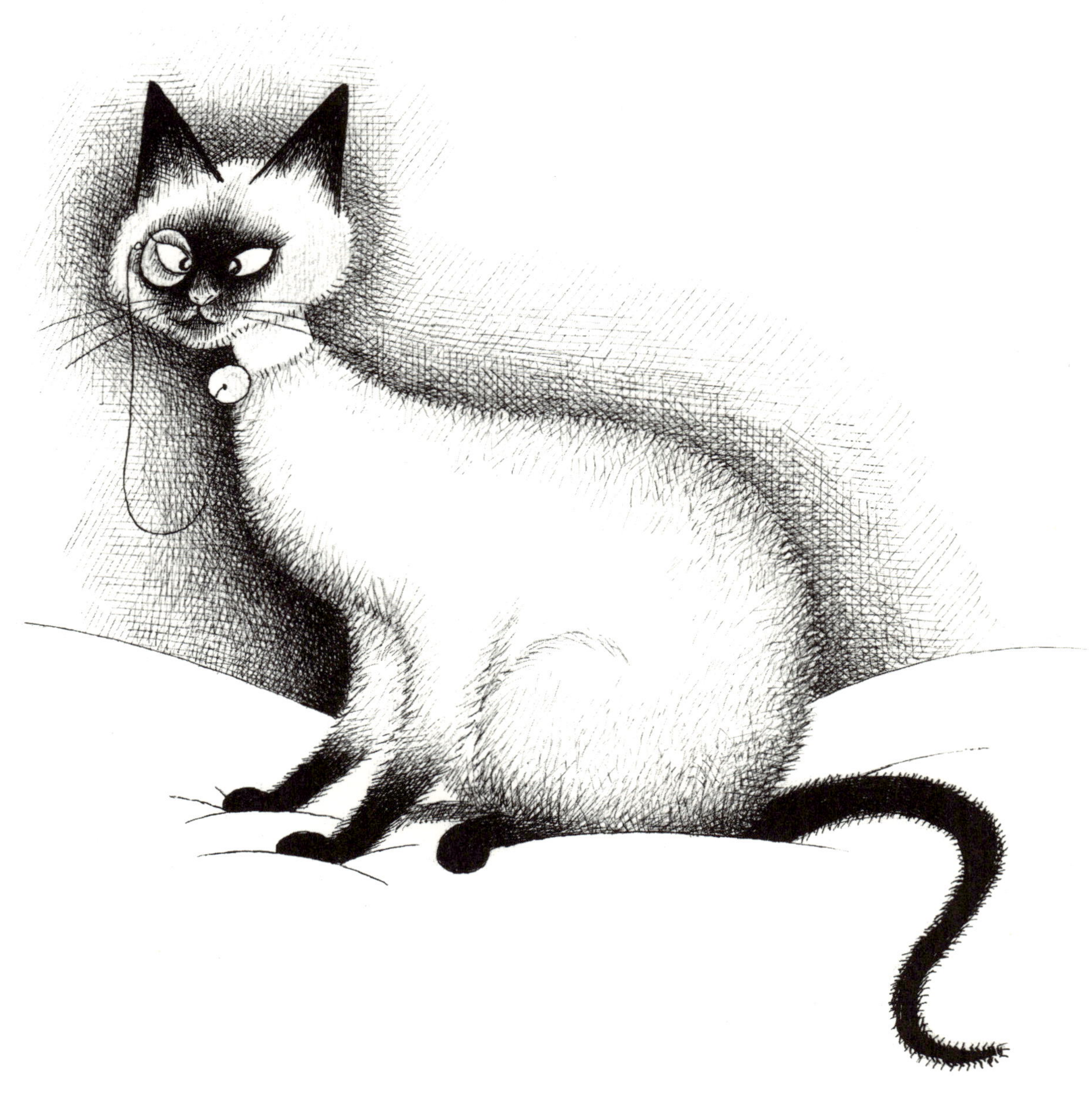

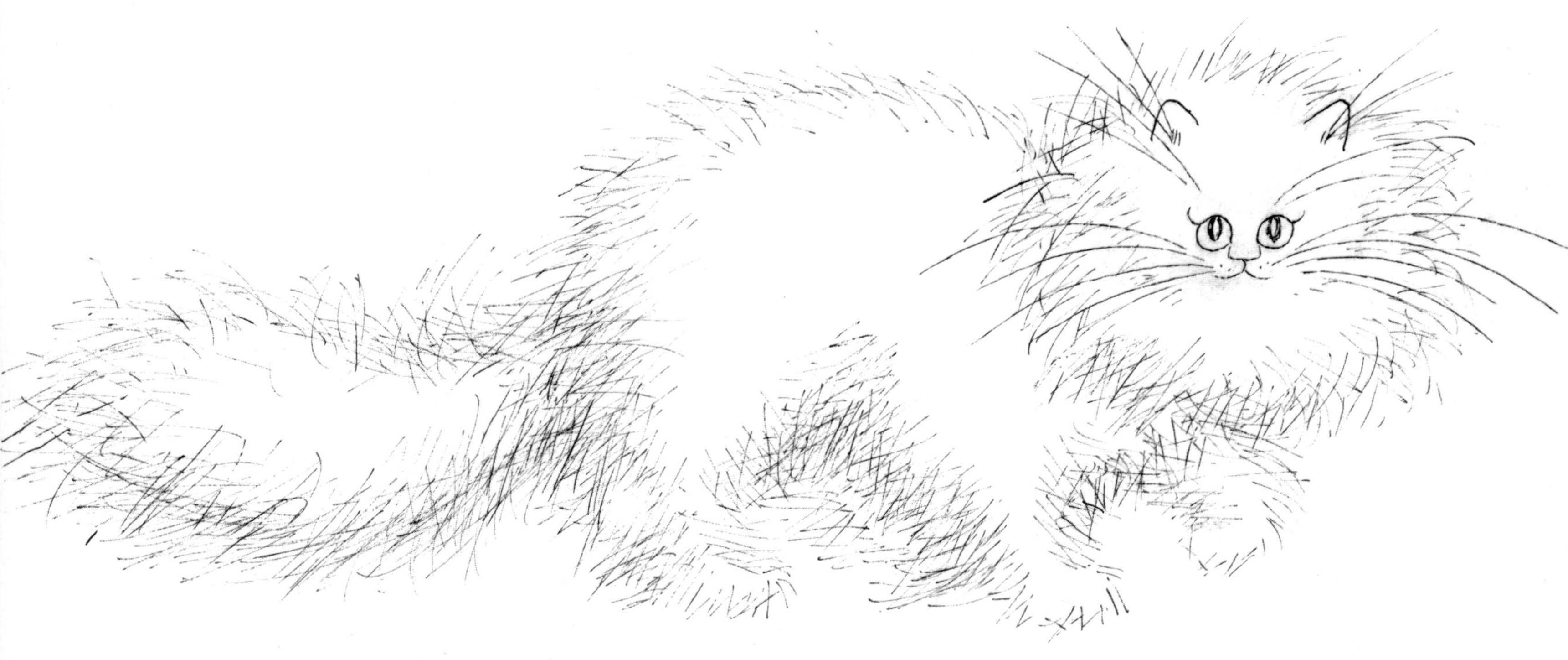

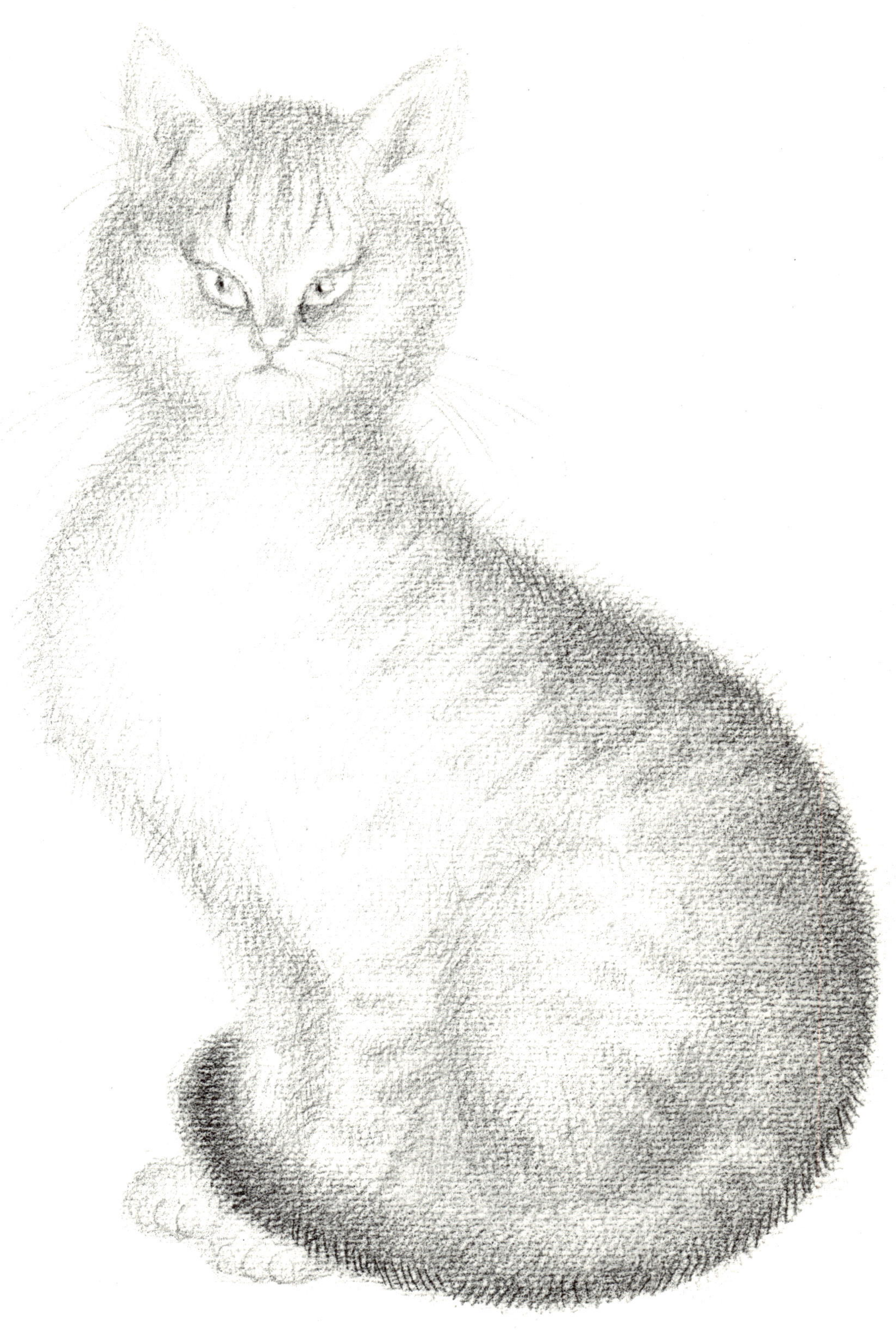

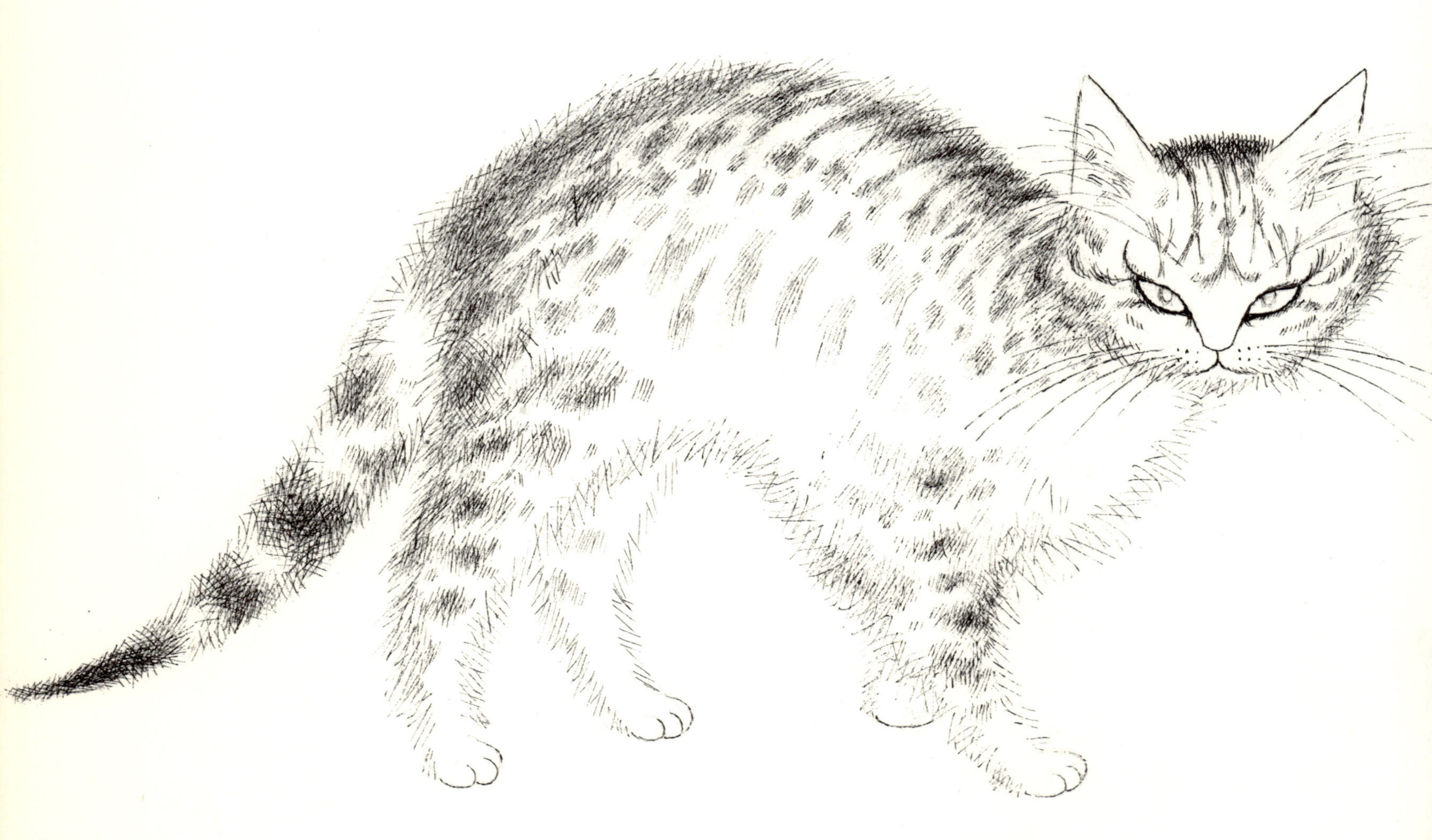

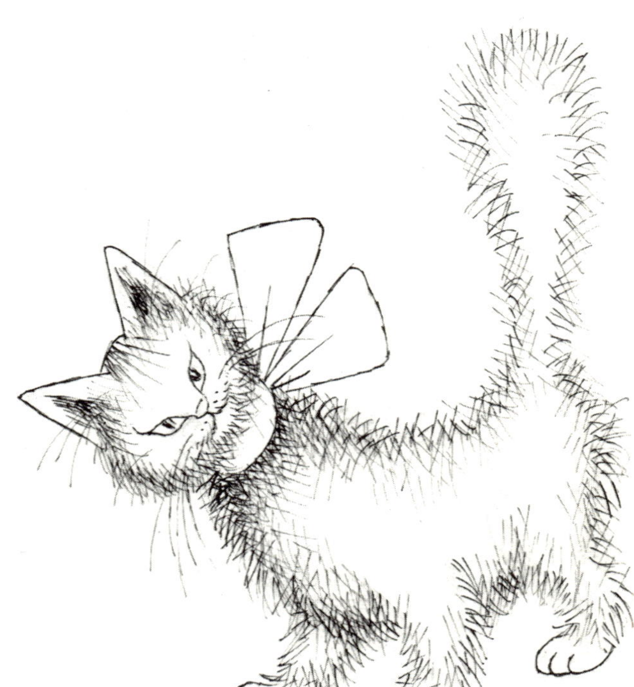

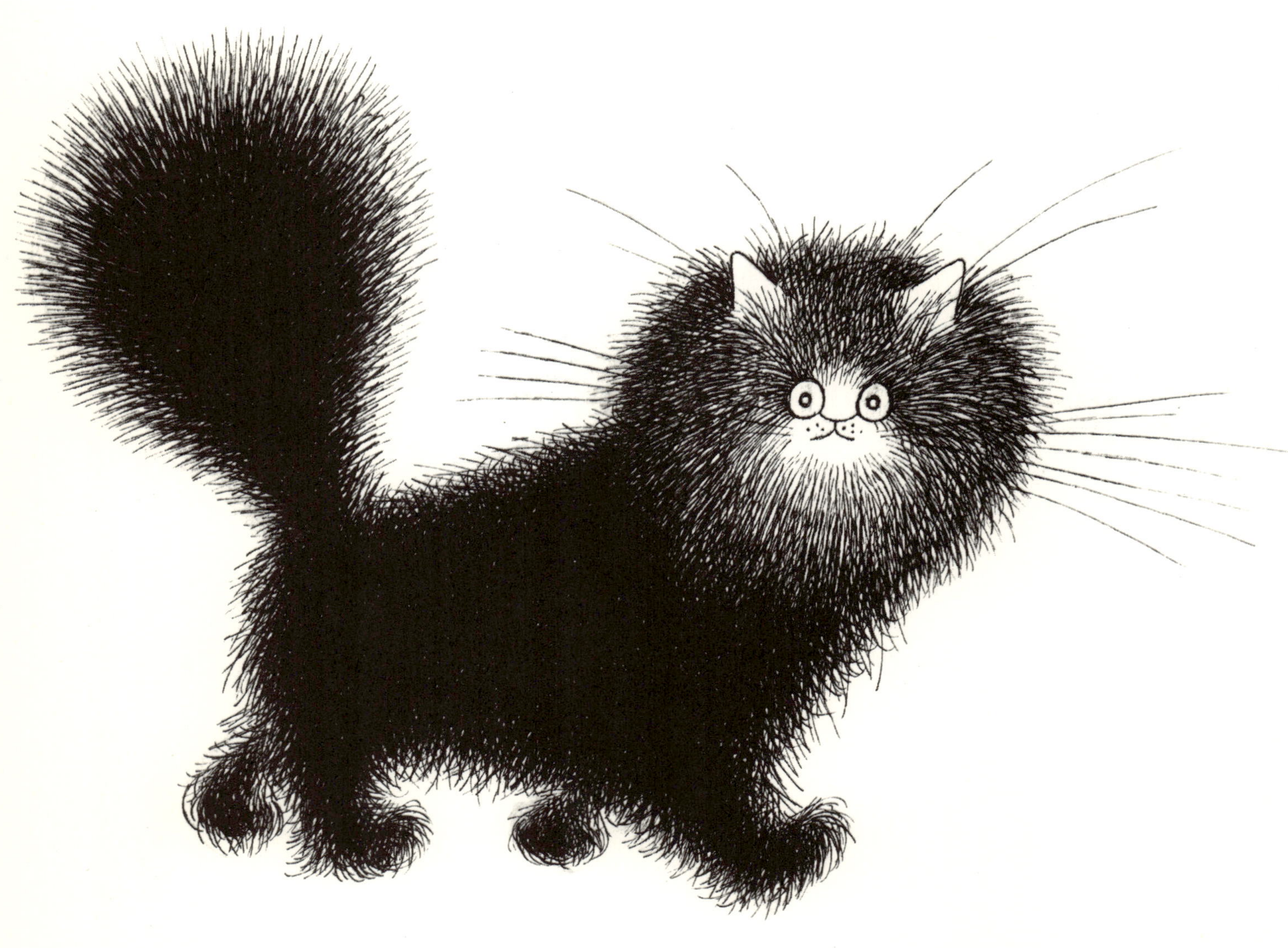

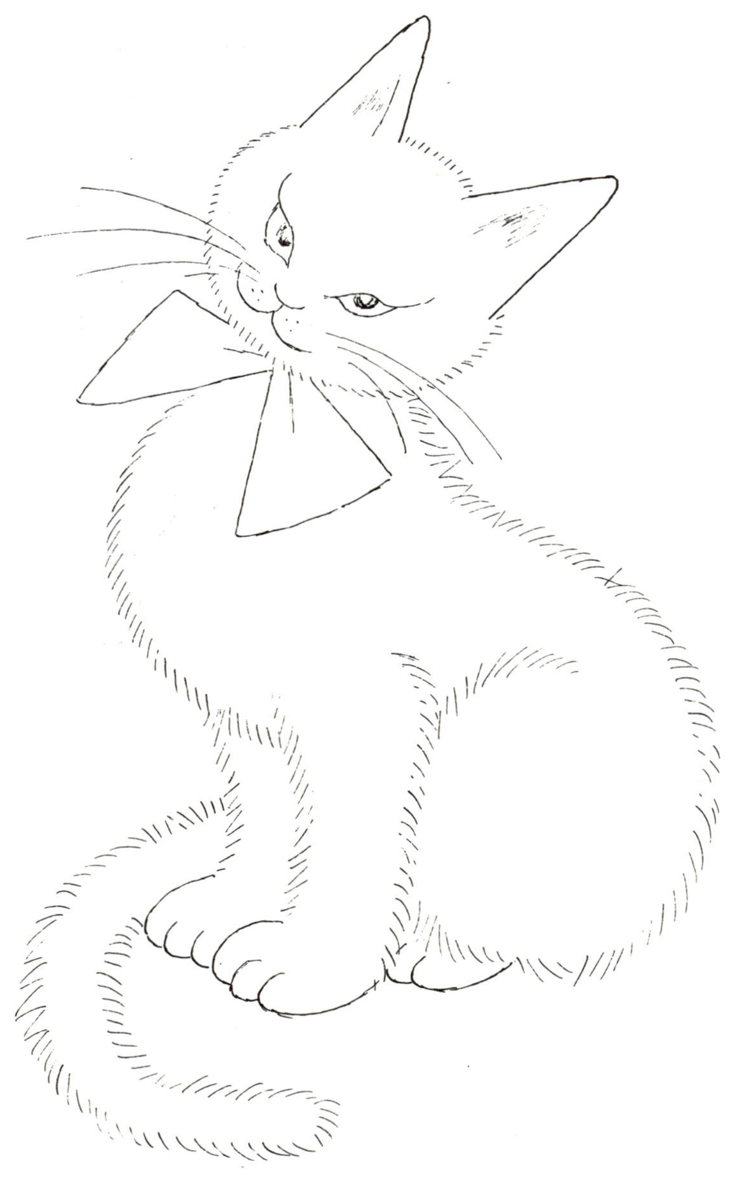

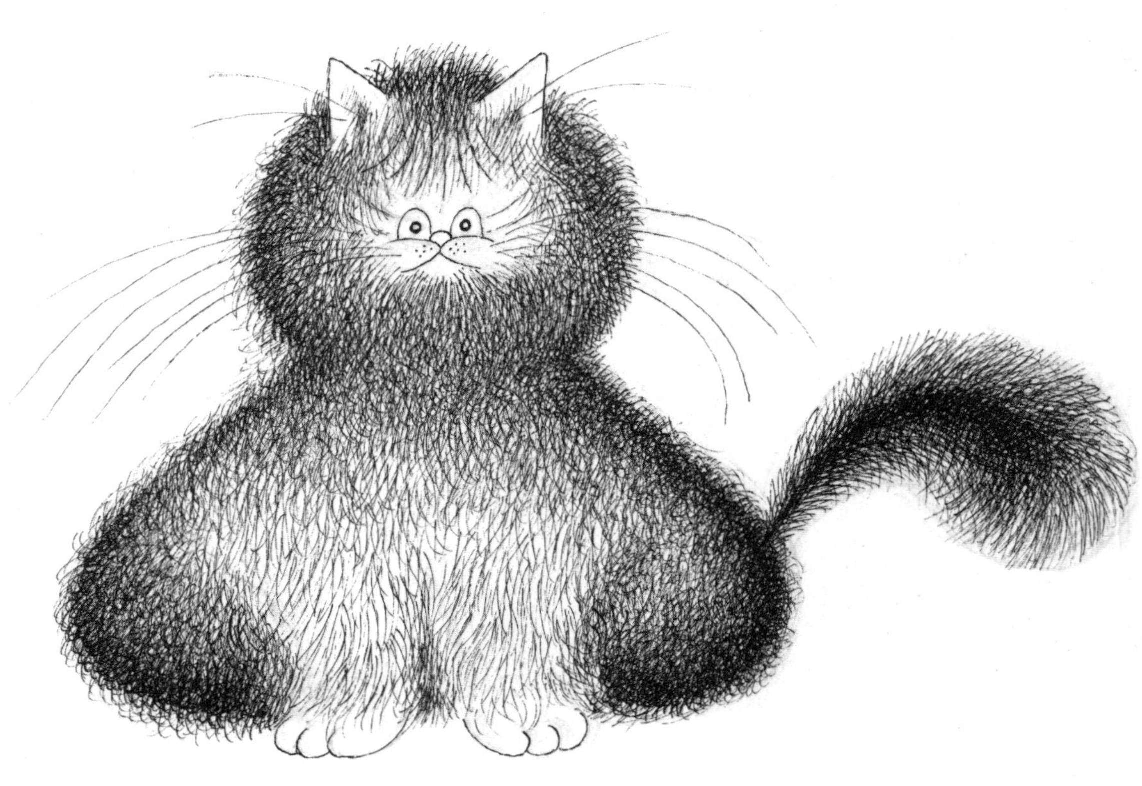

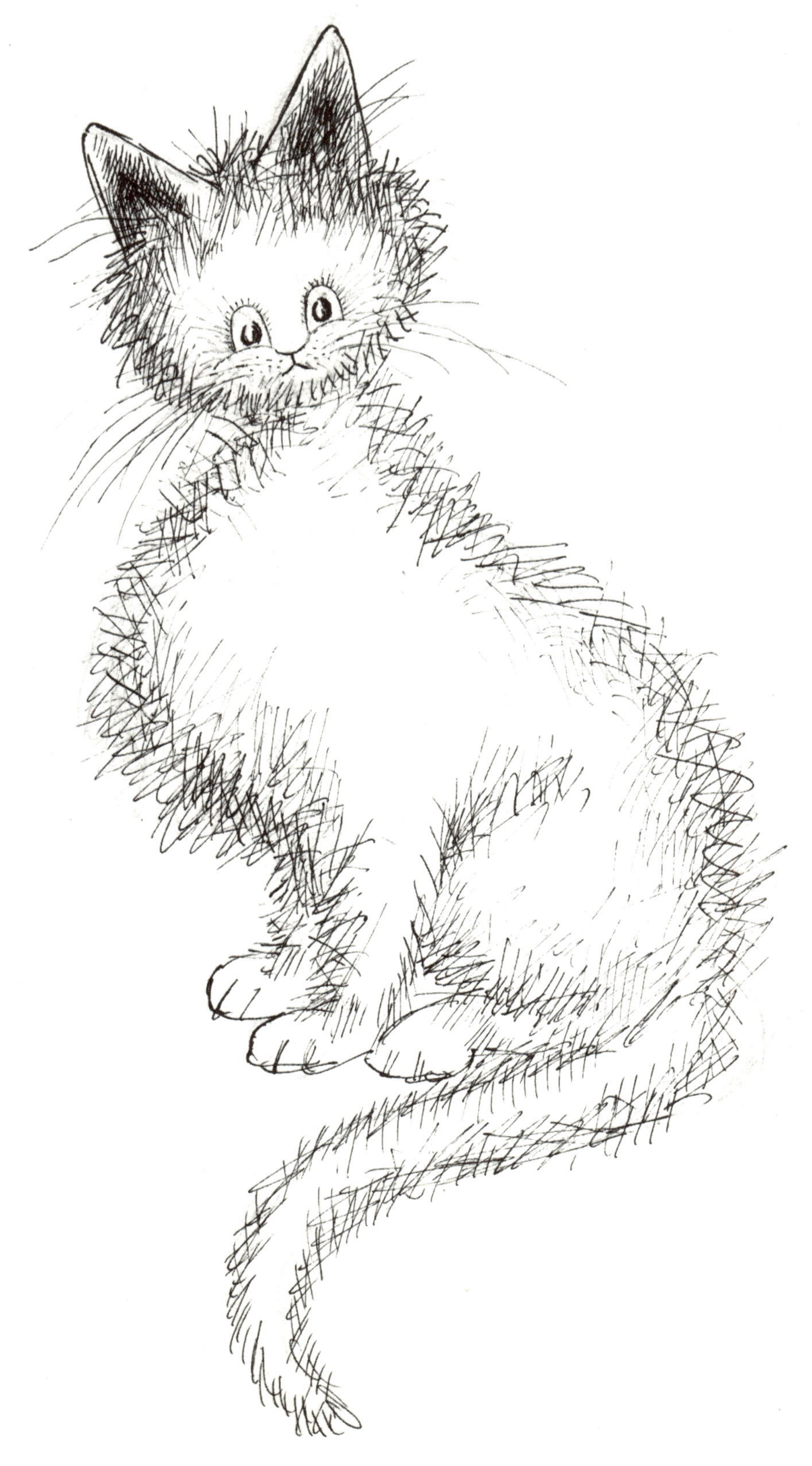

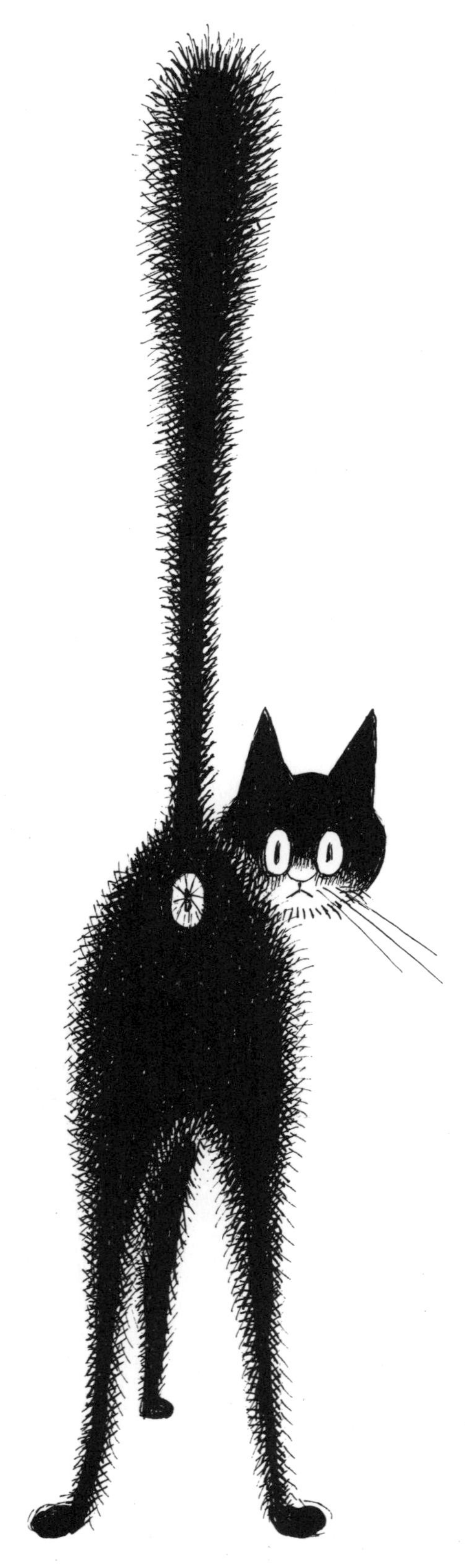

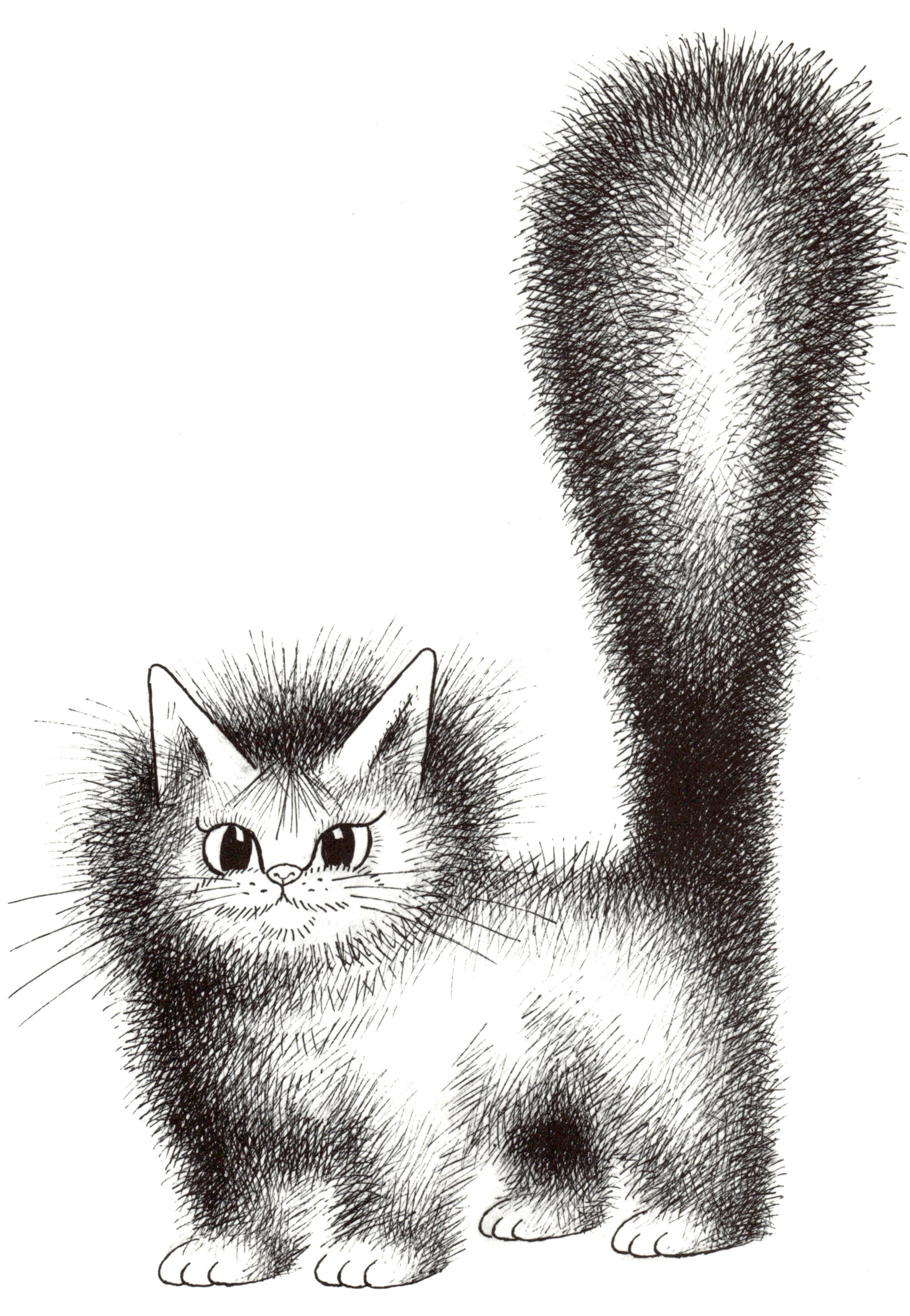

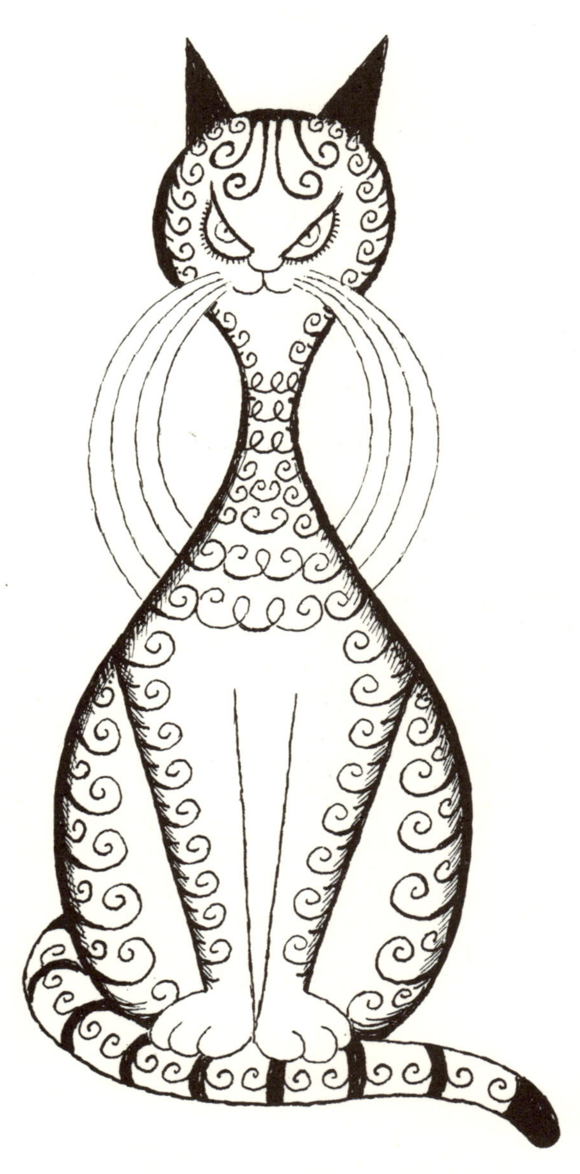

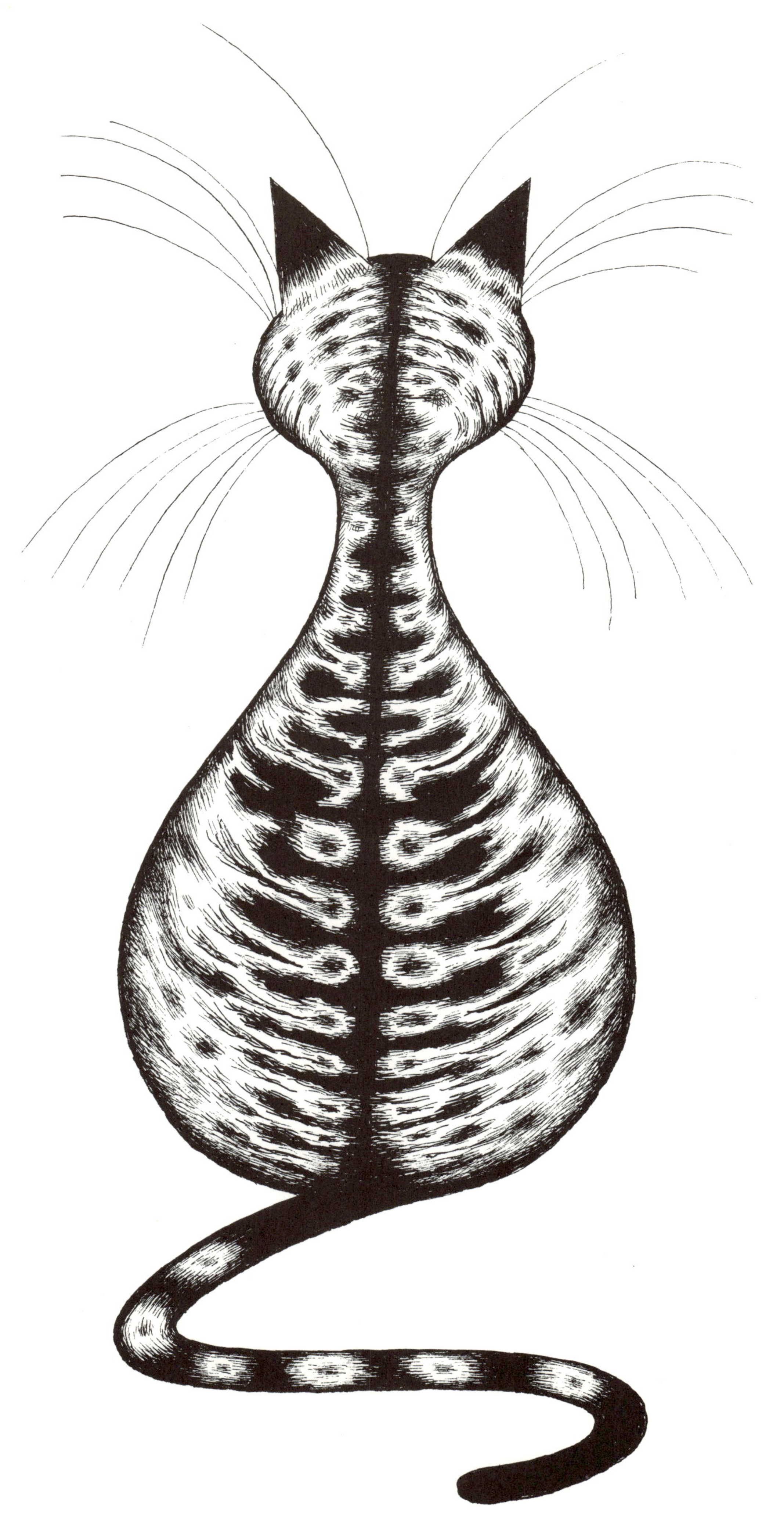

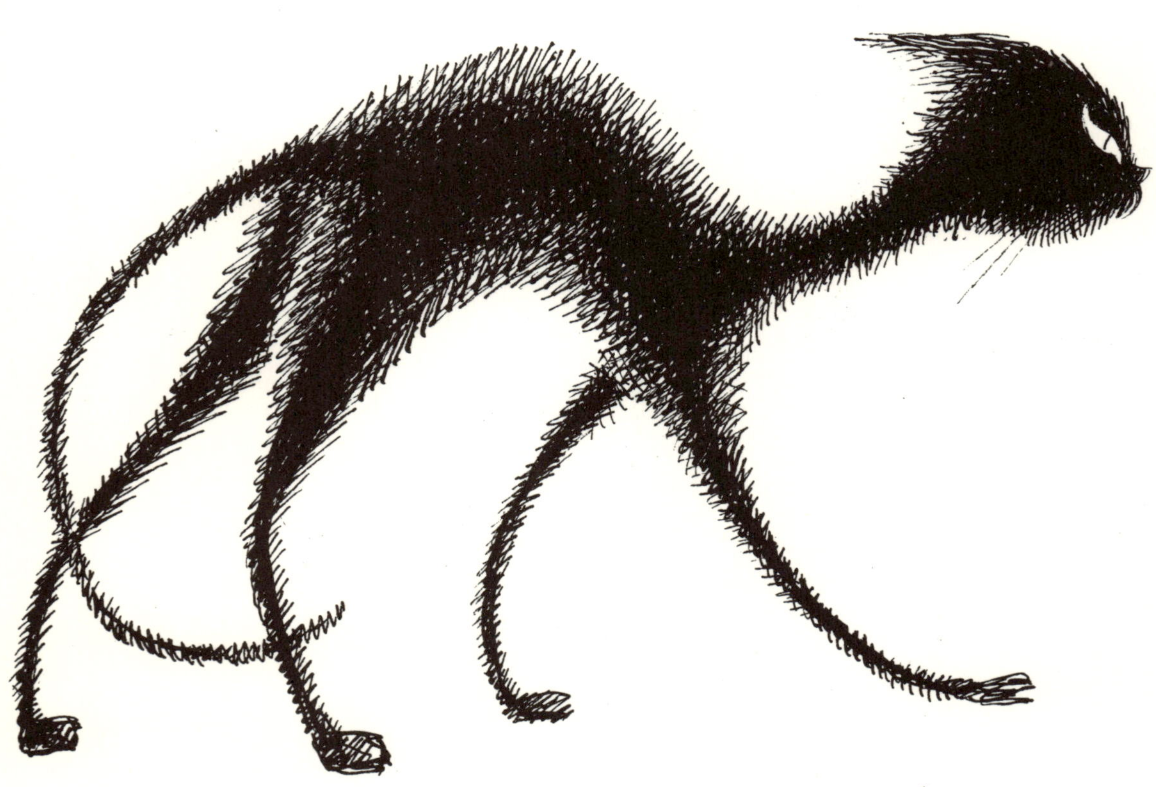

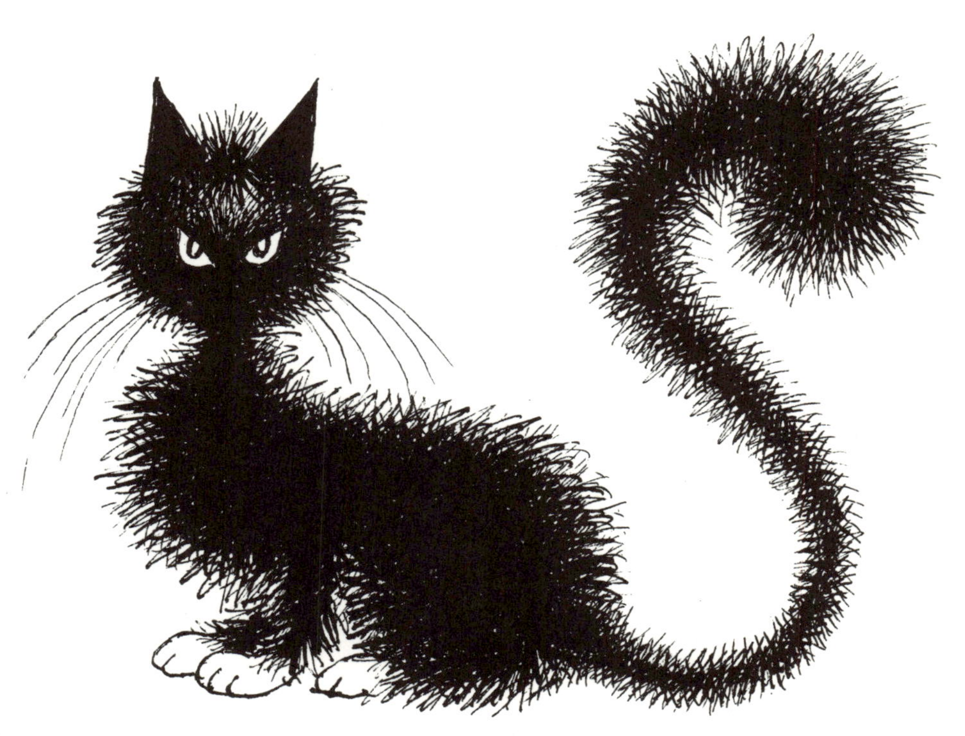

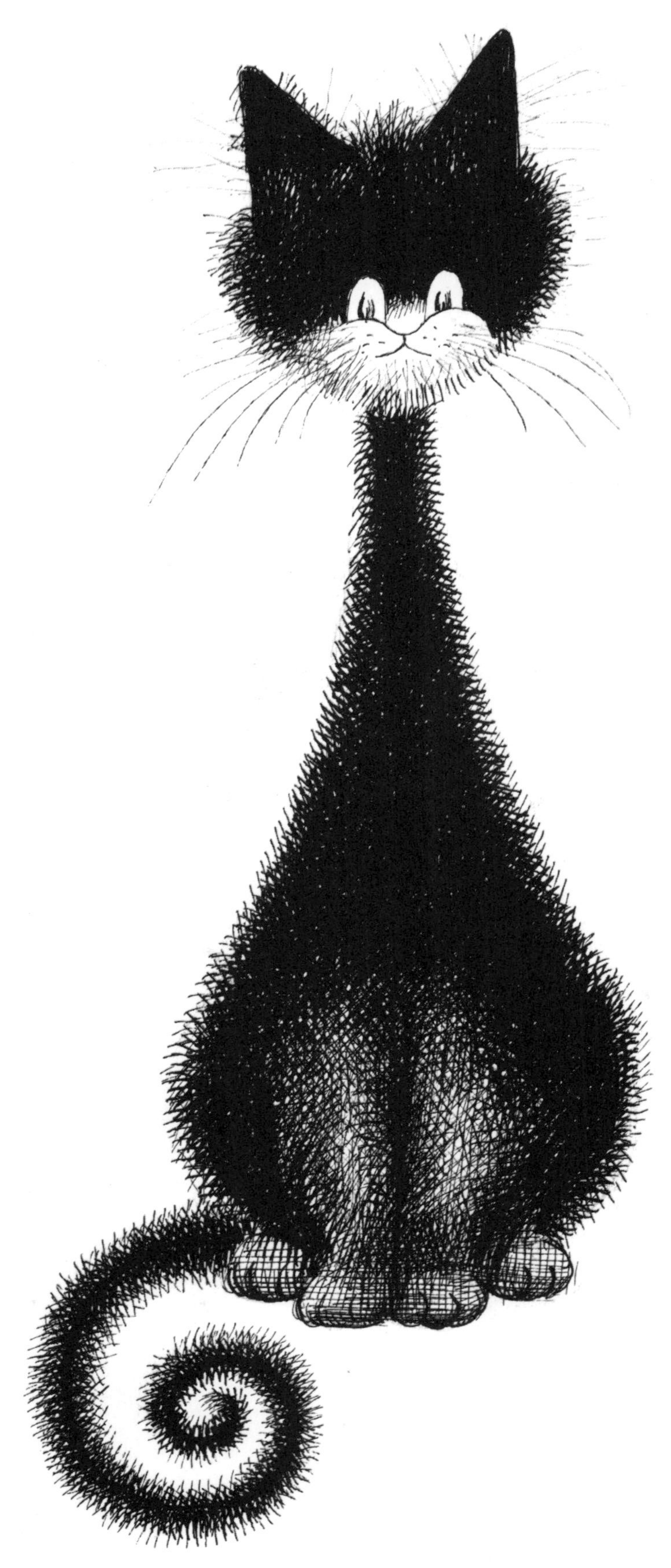

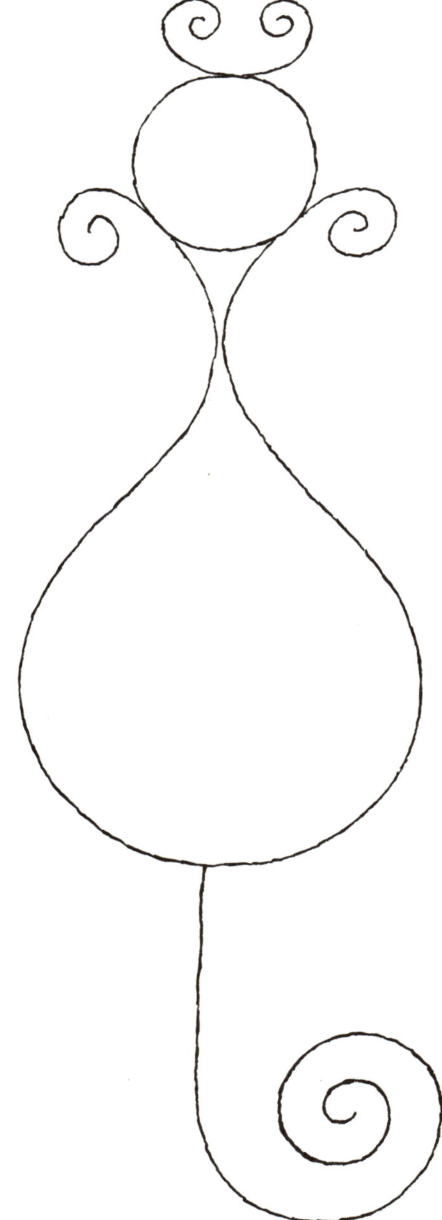

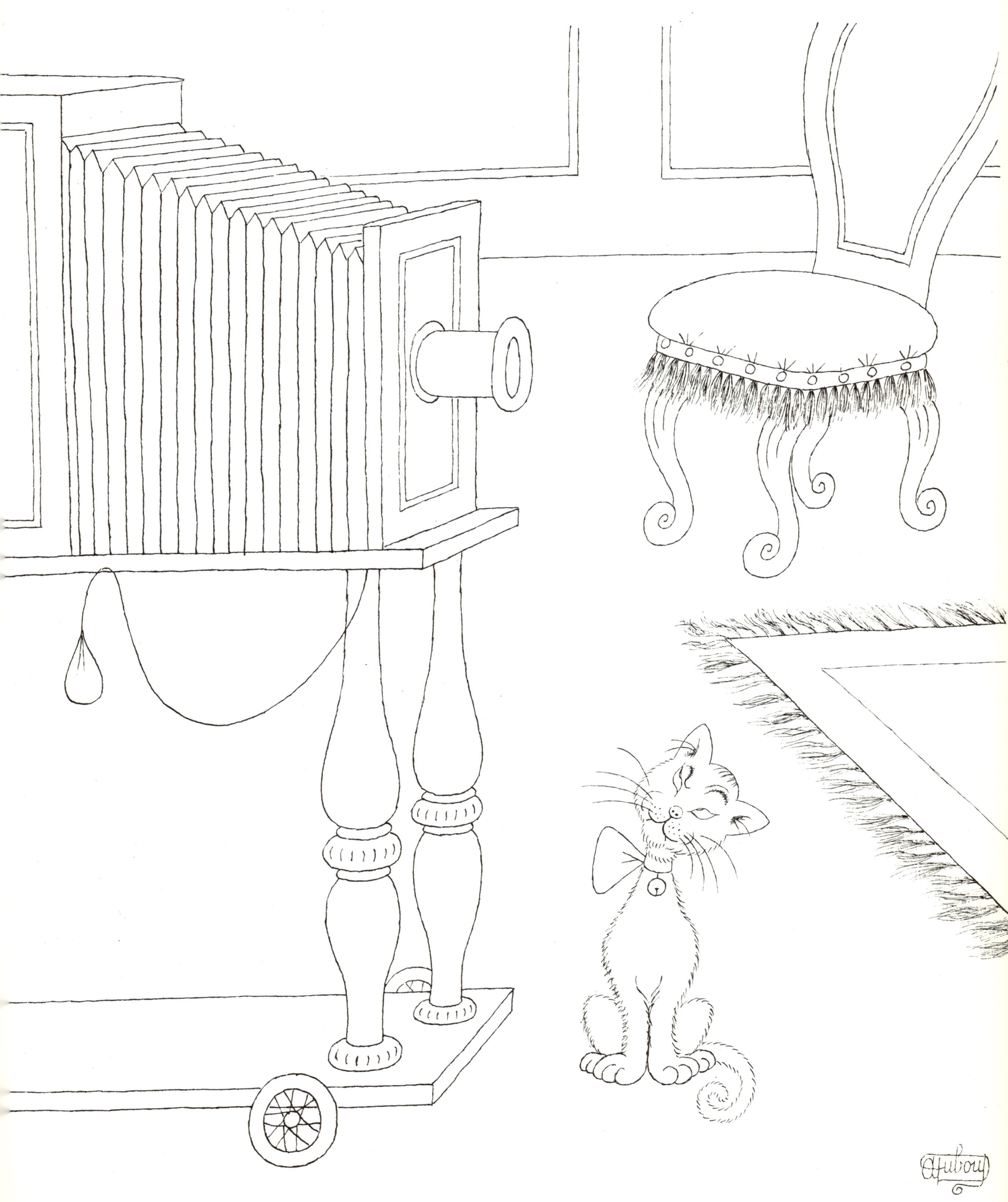

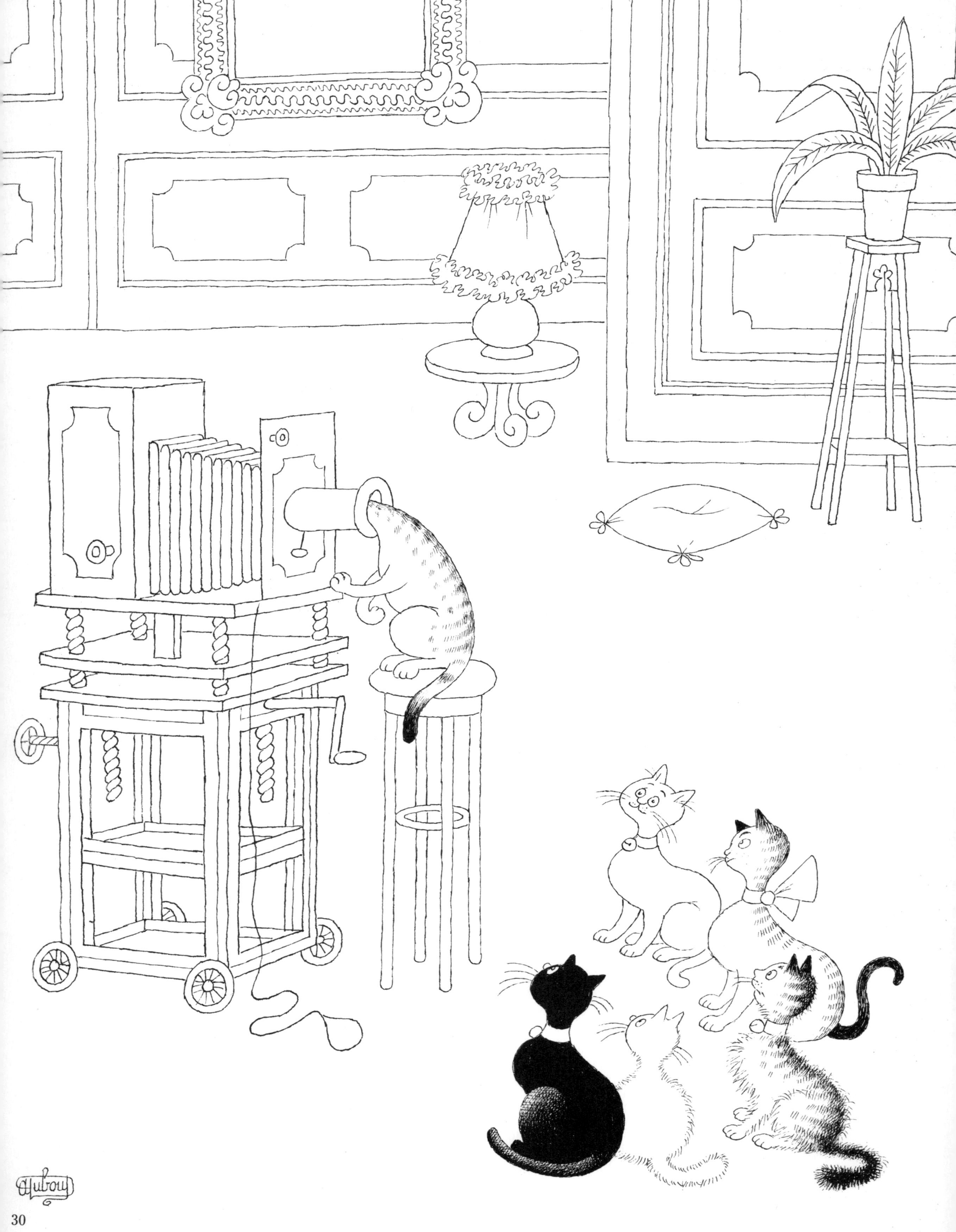
Dubout

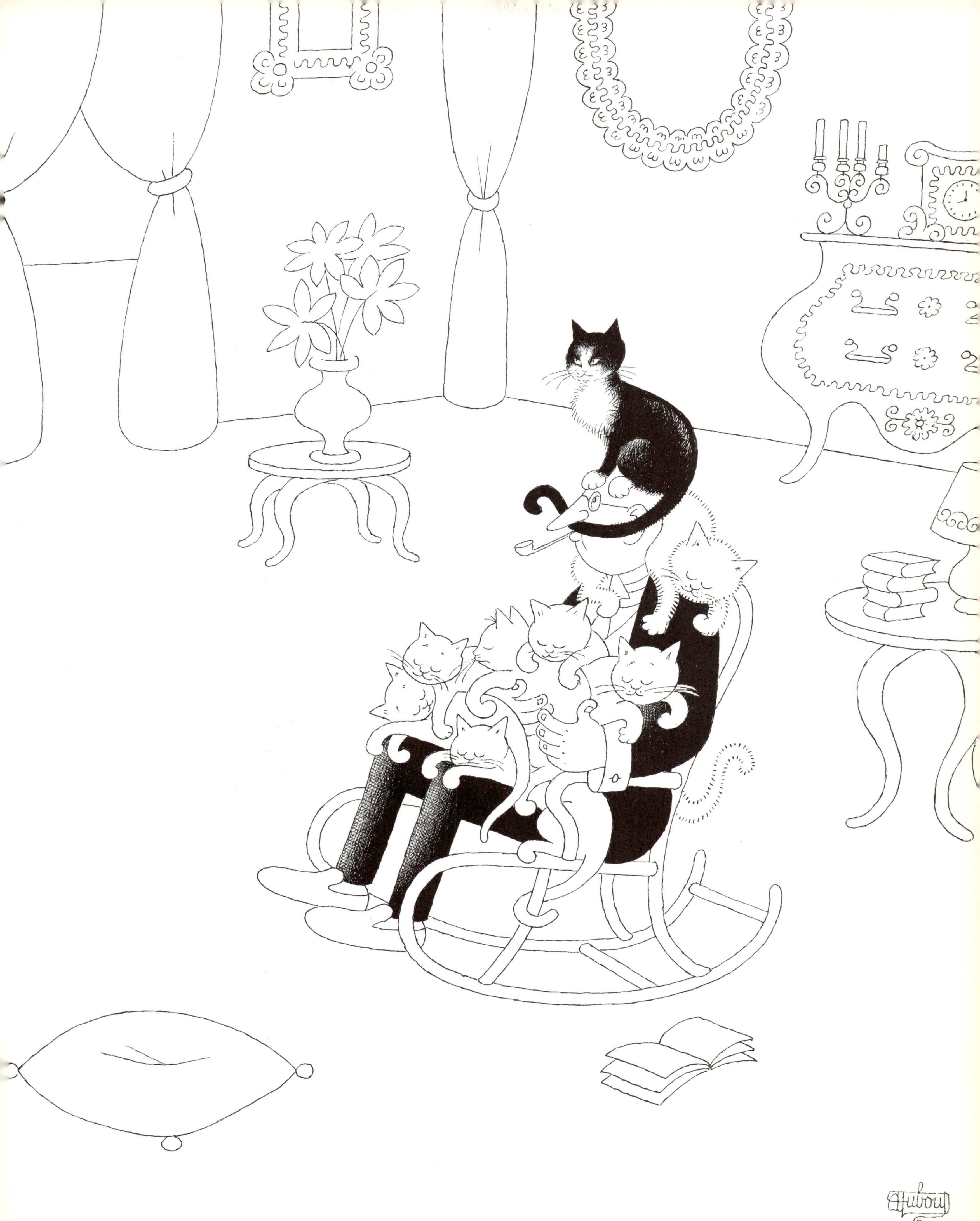

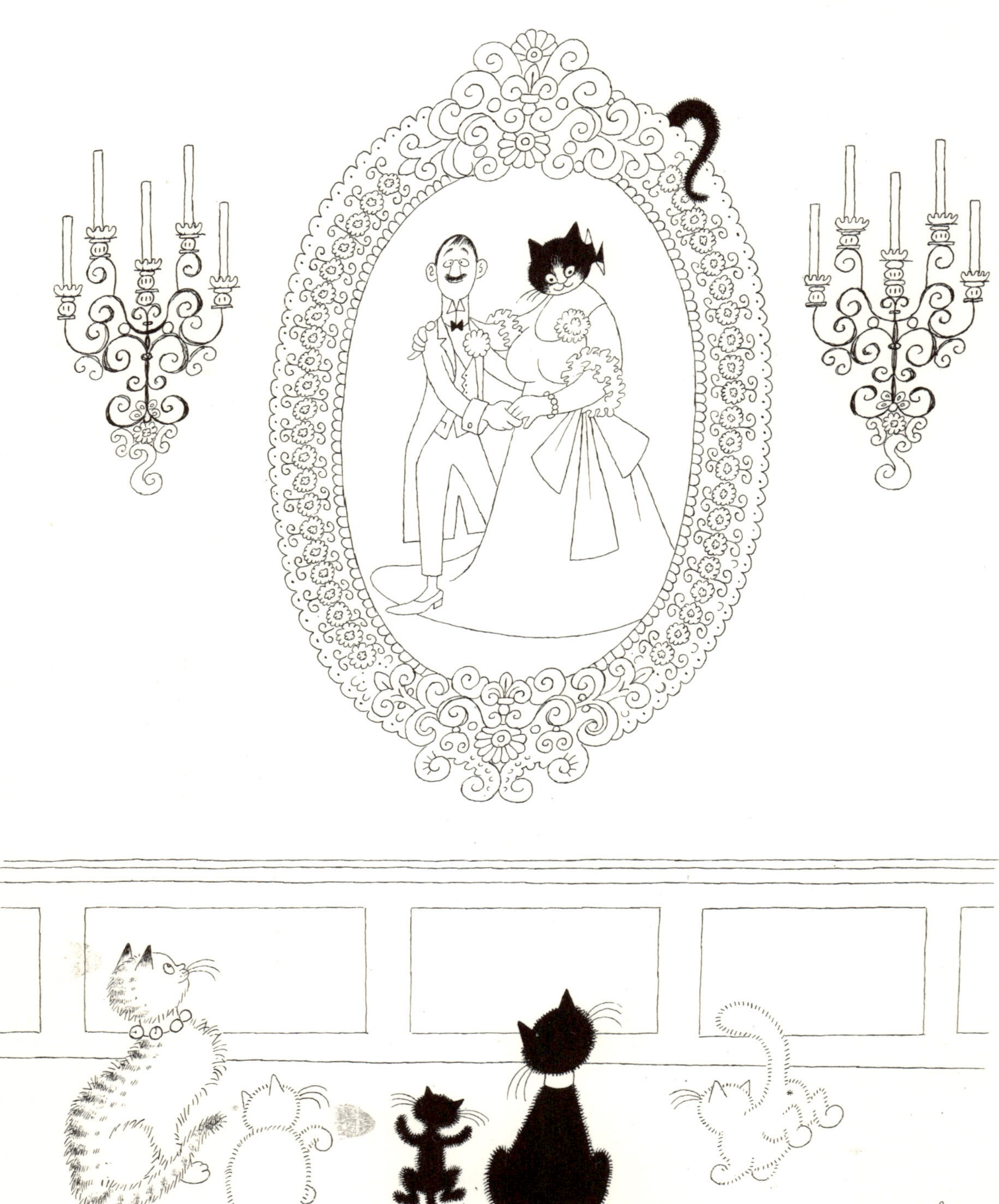

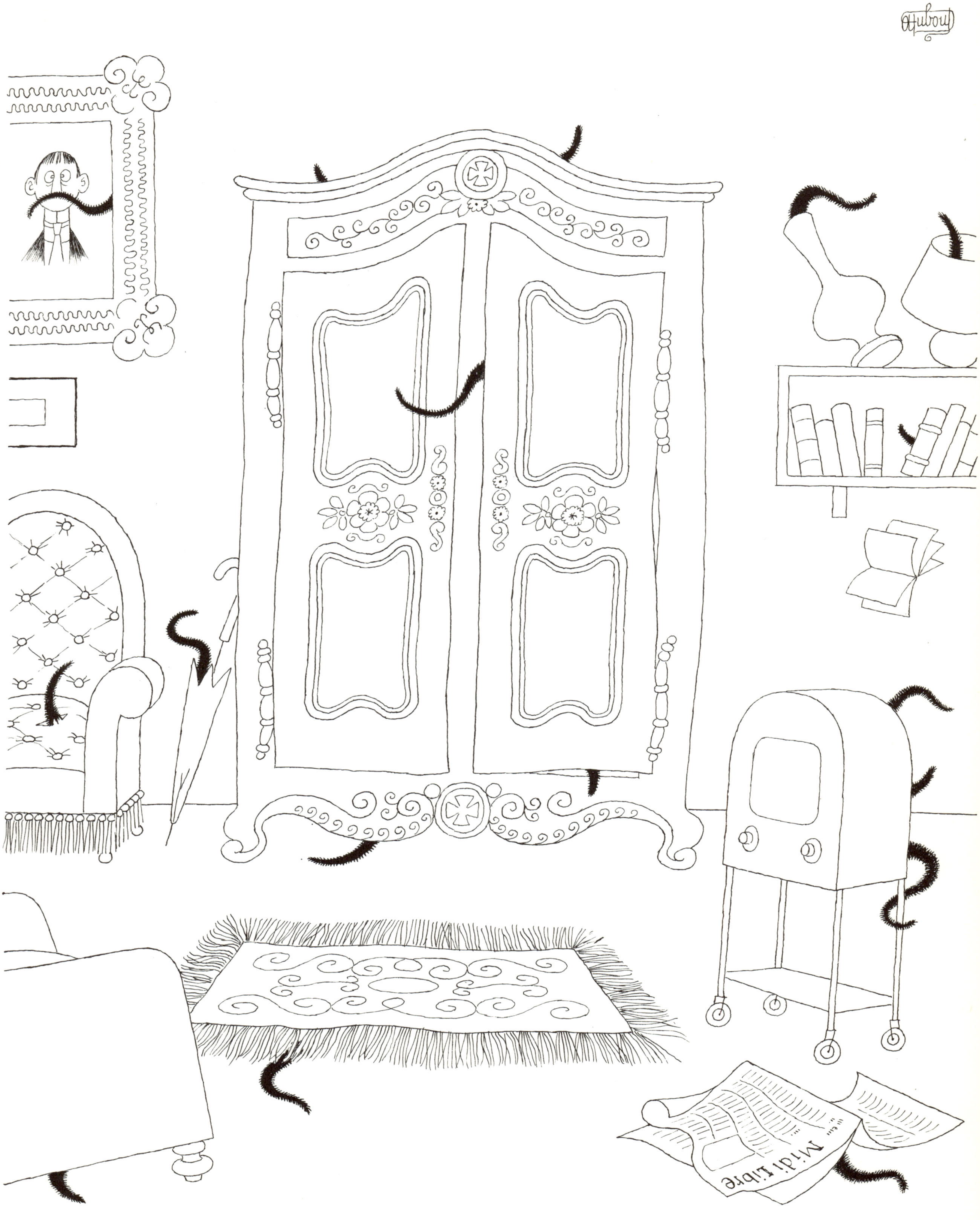

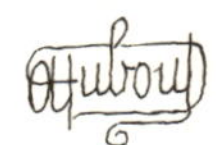
Dubout

Midi Libre

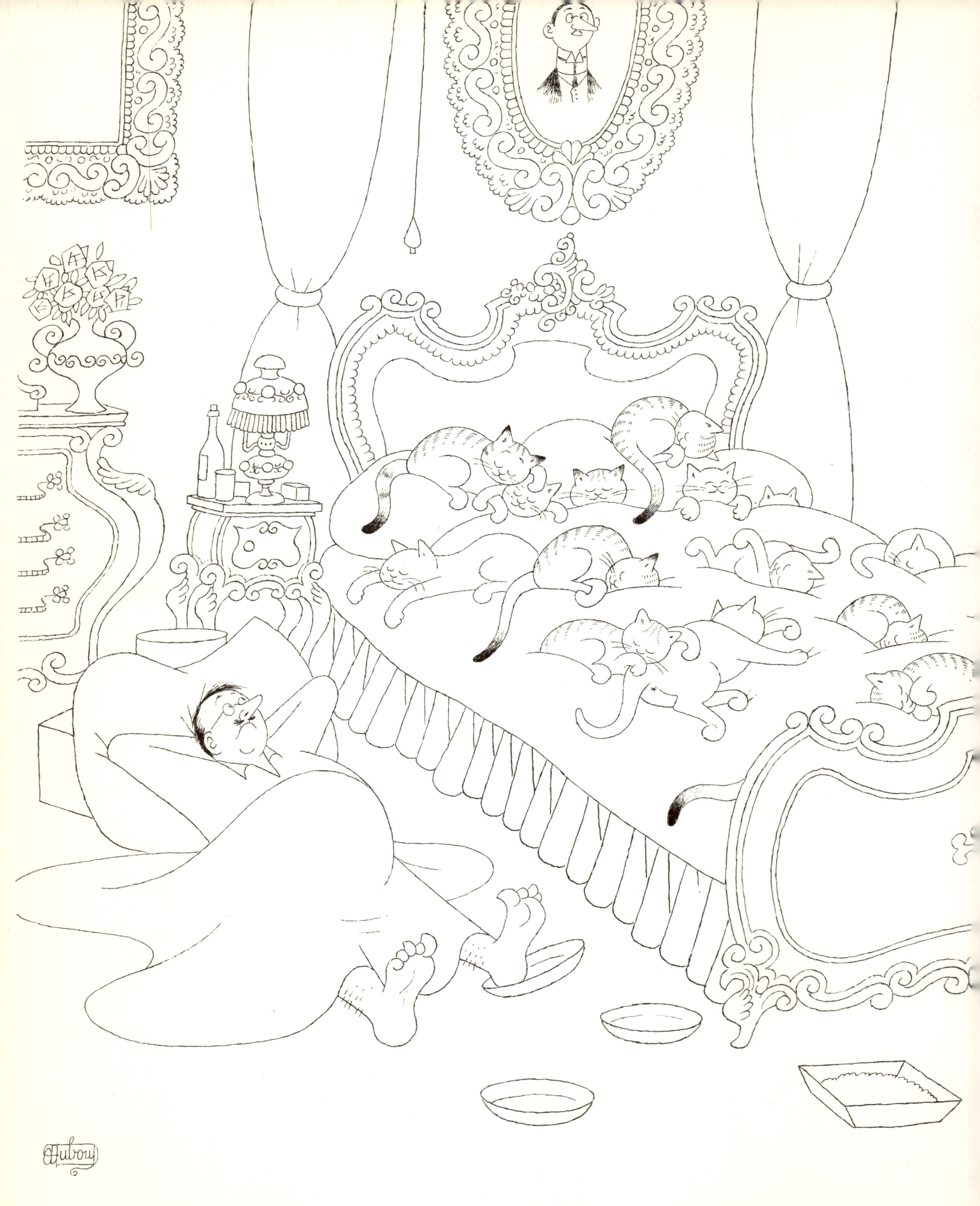

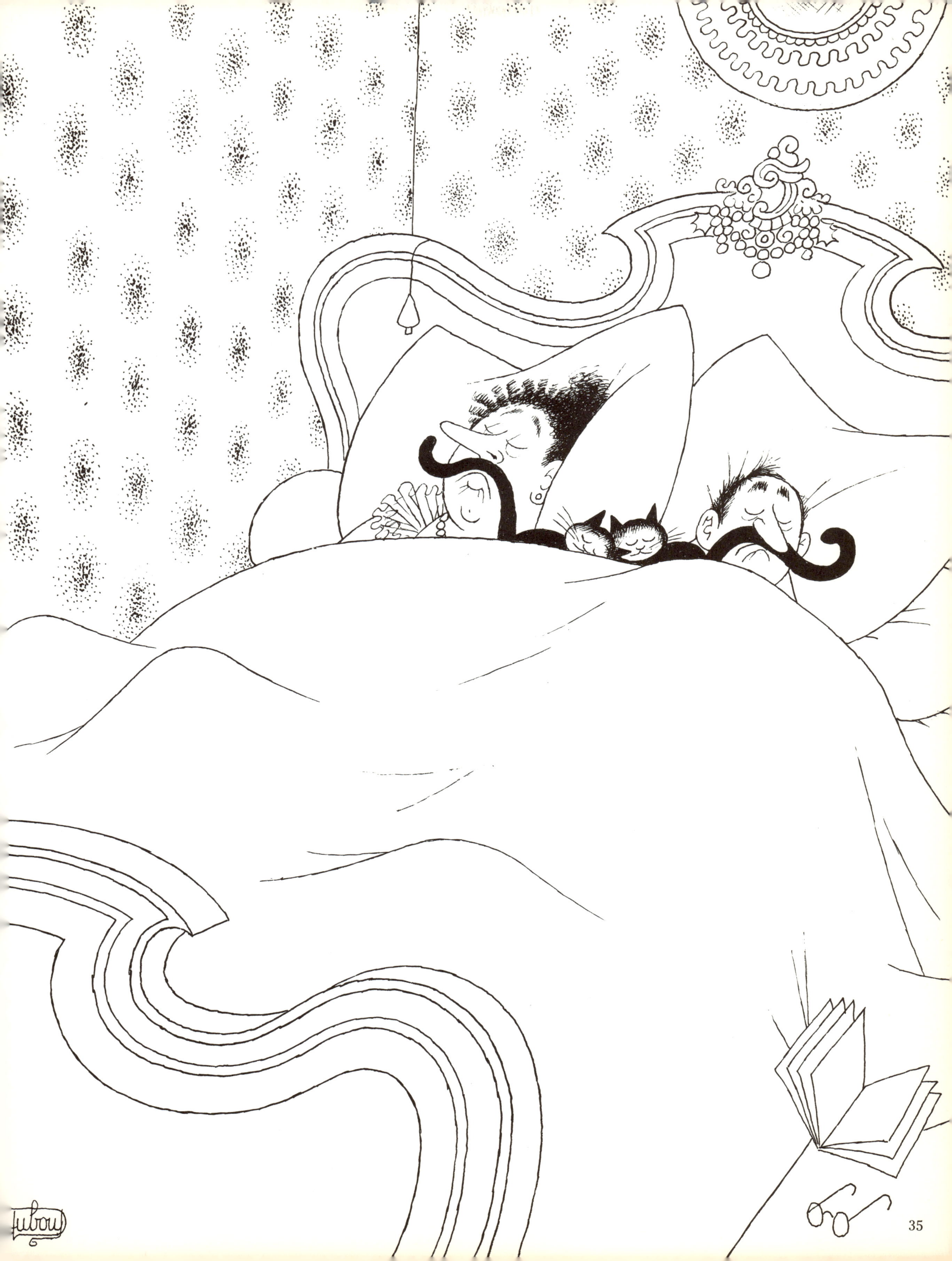

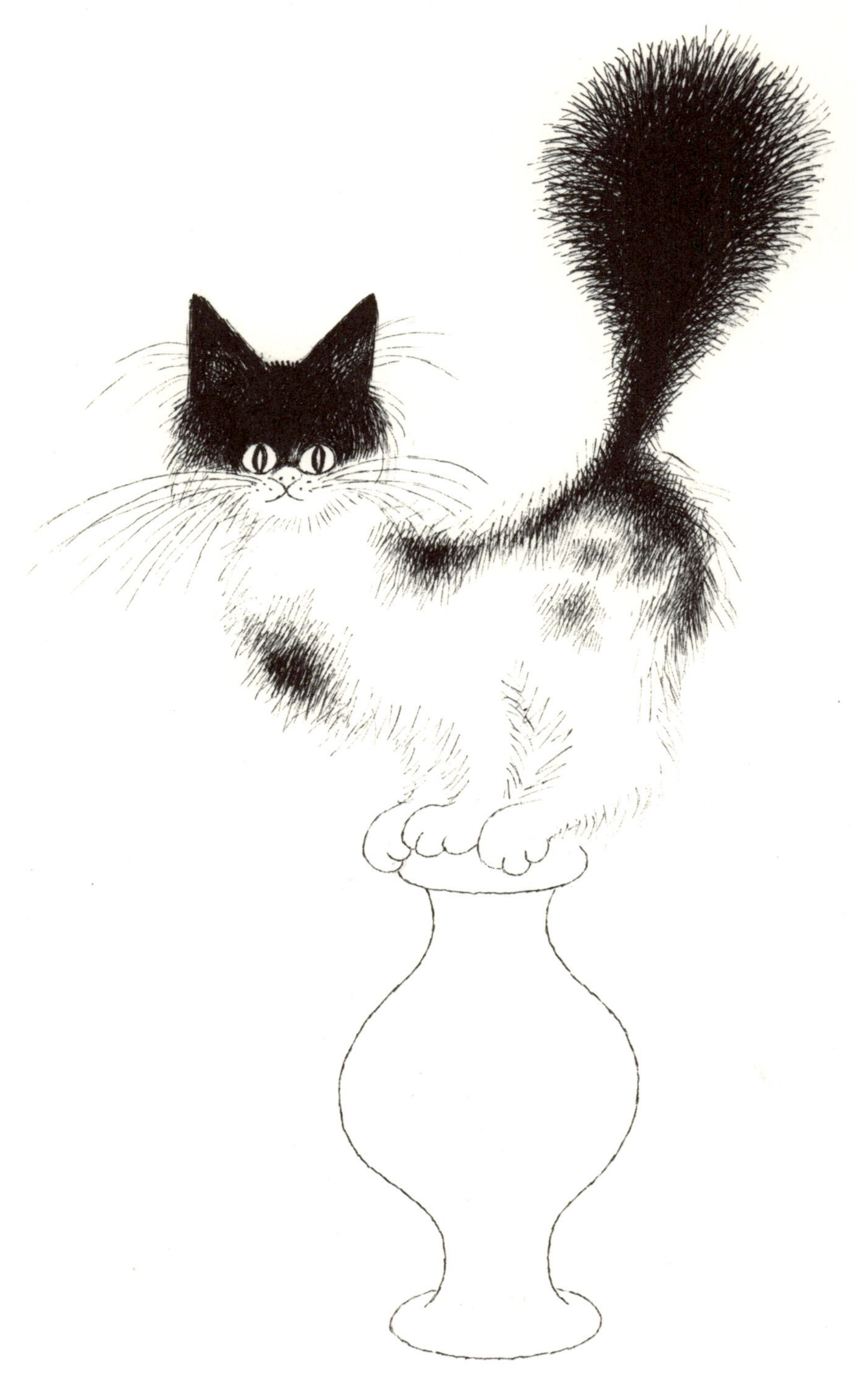

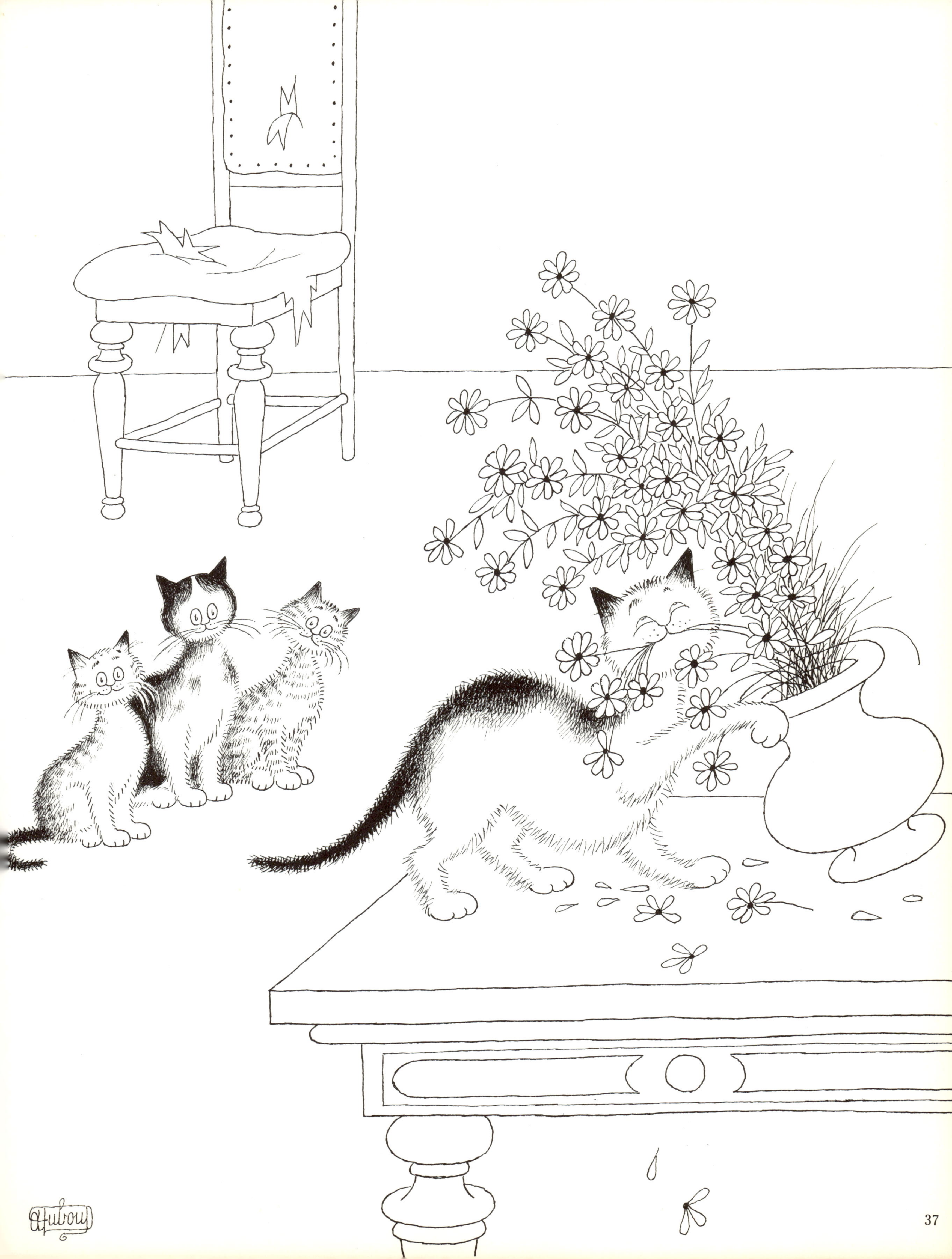

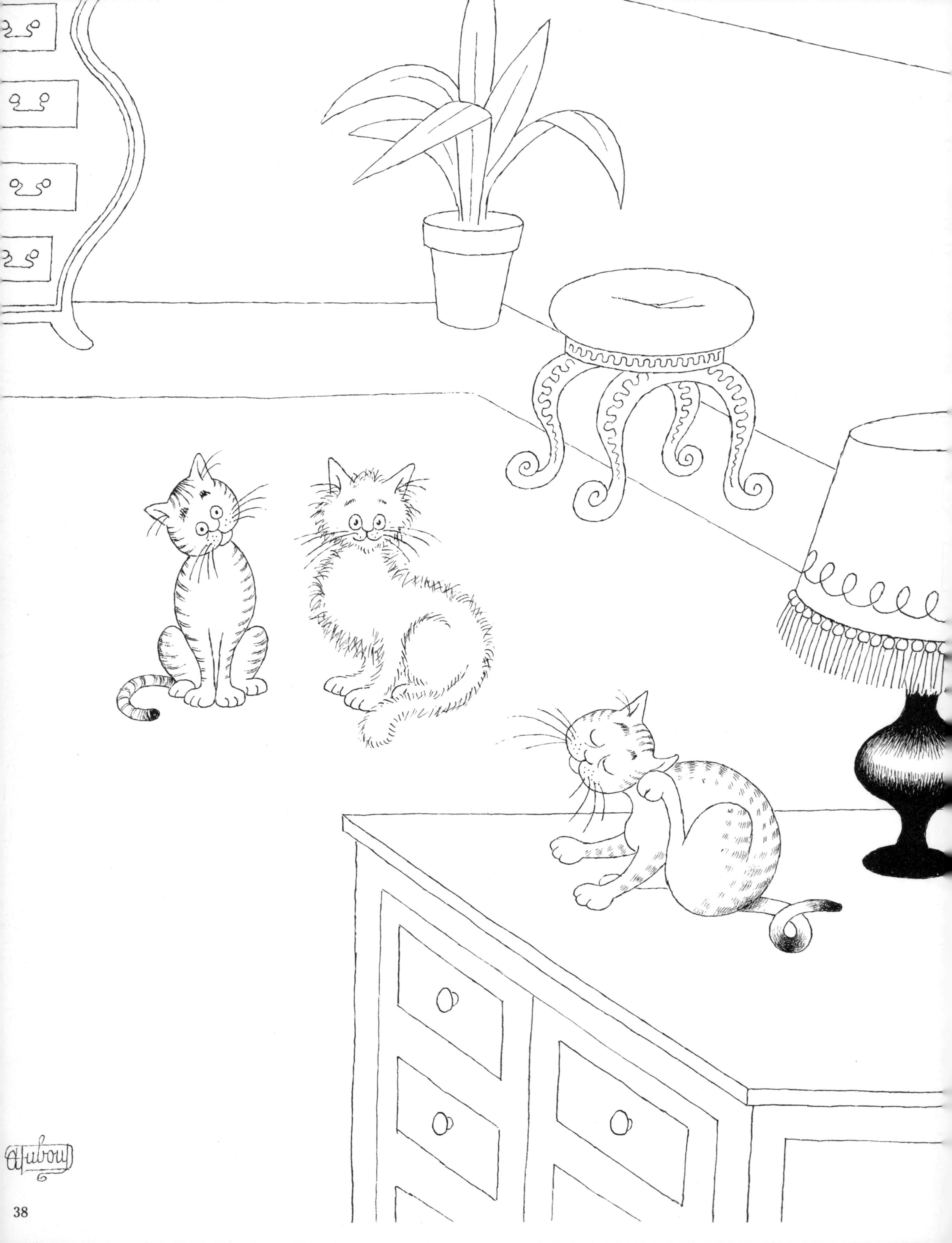

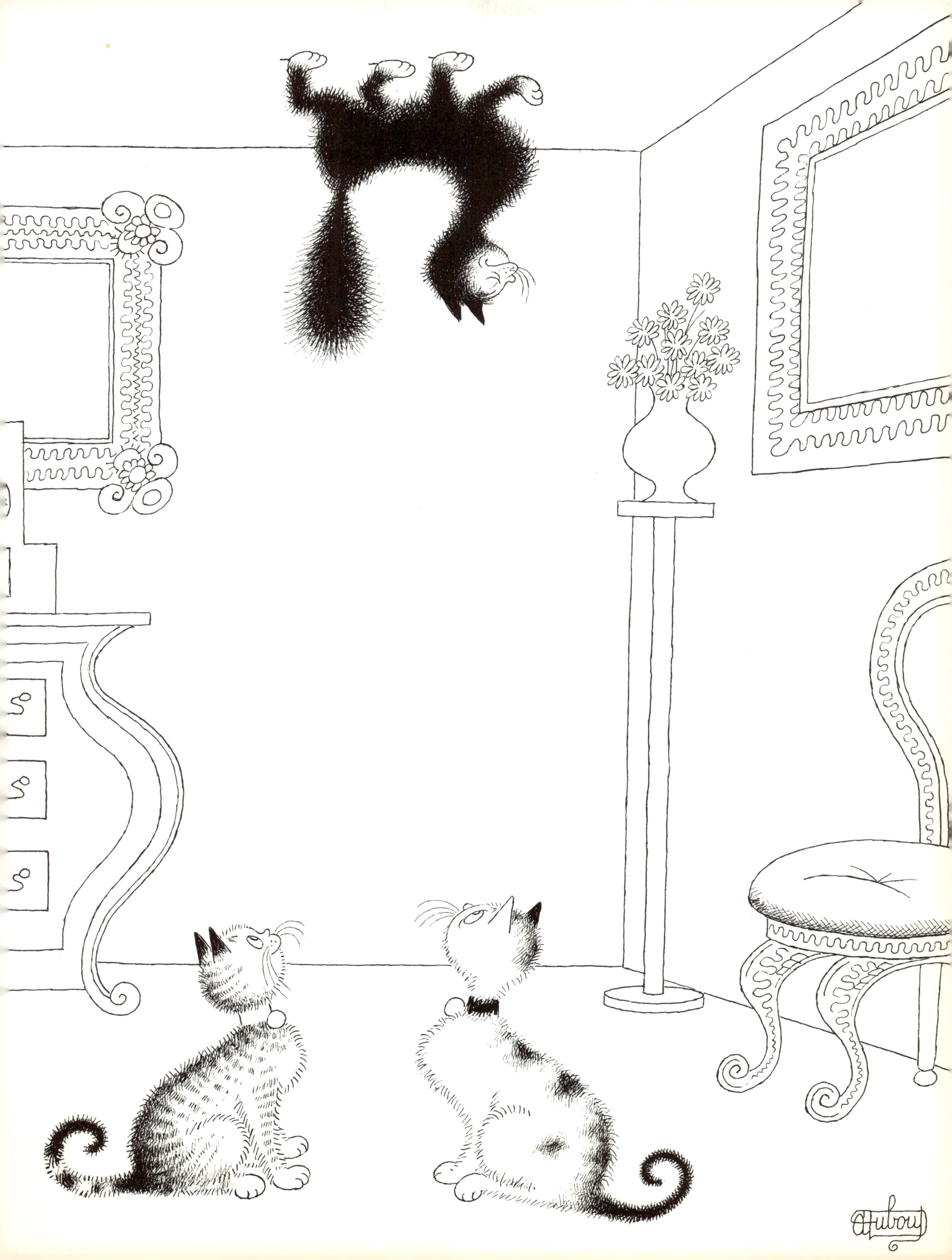

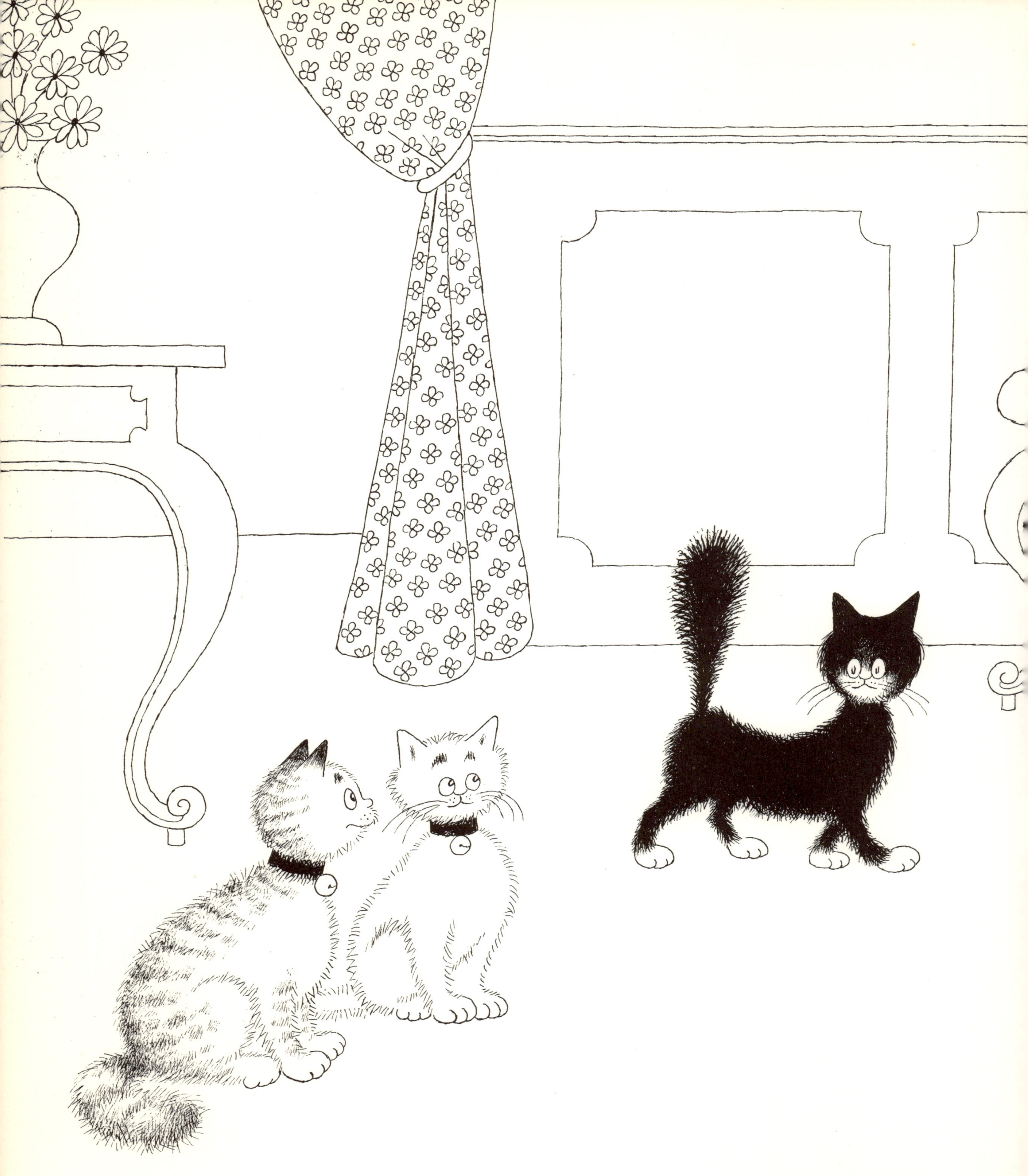

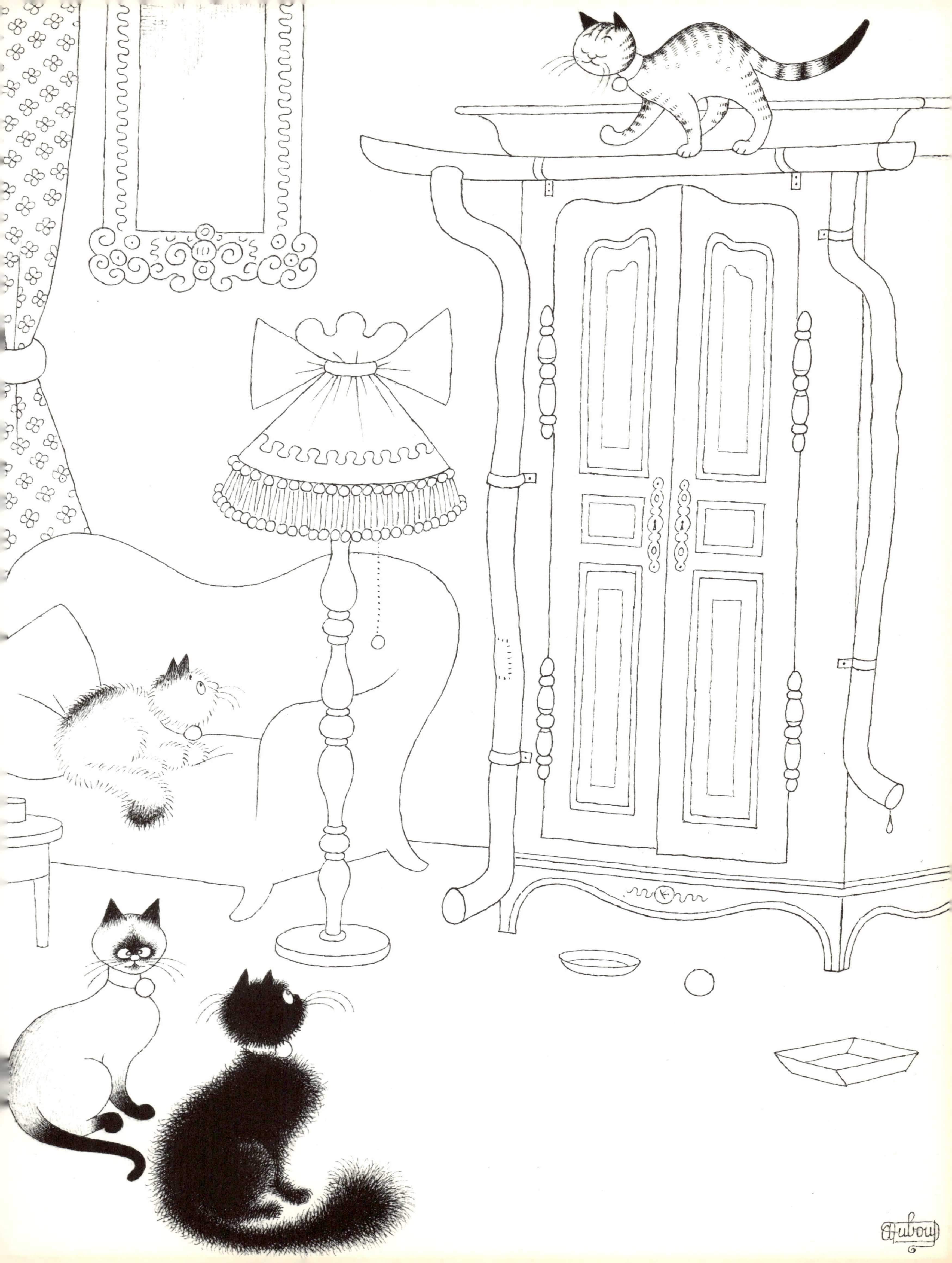

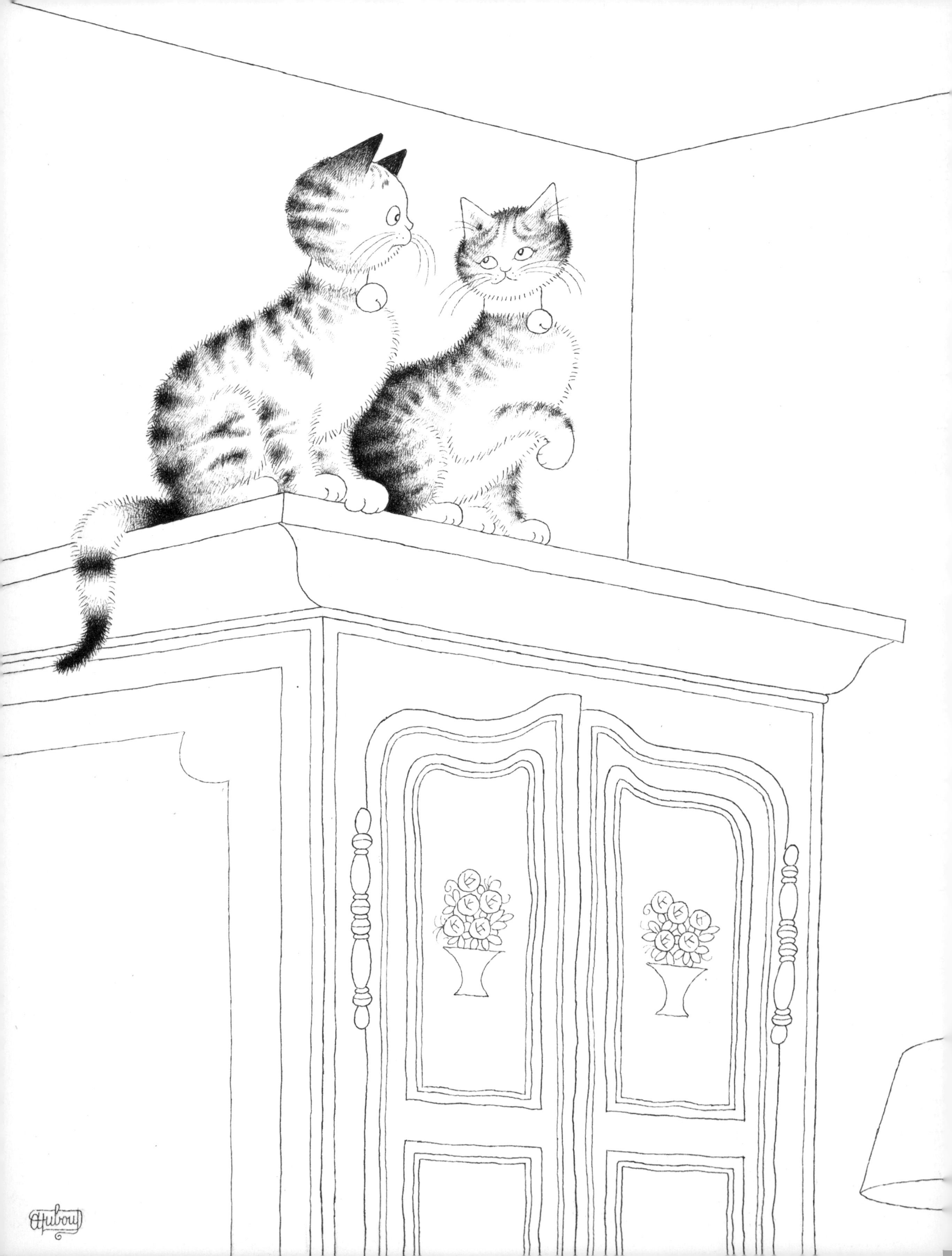

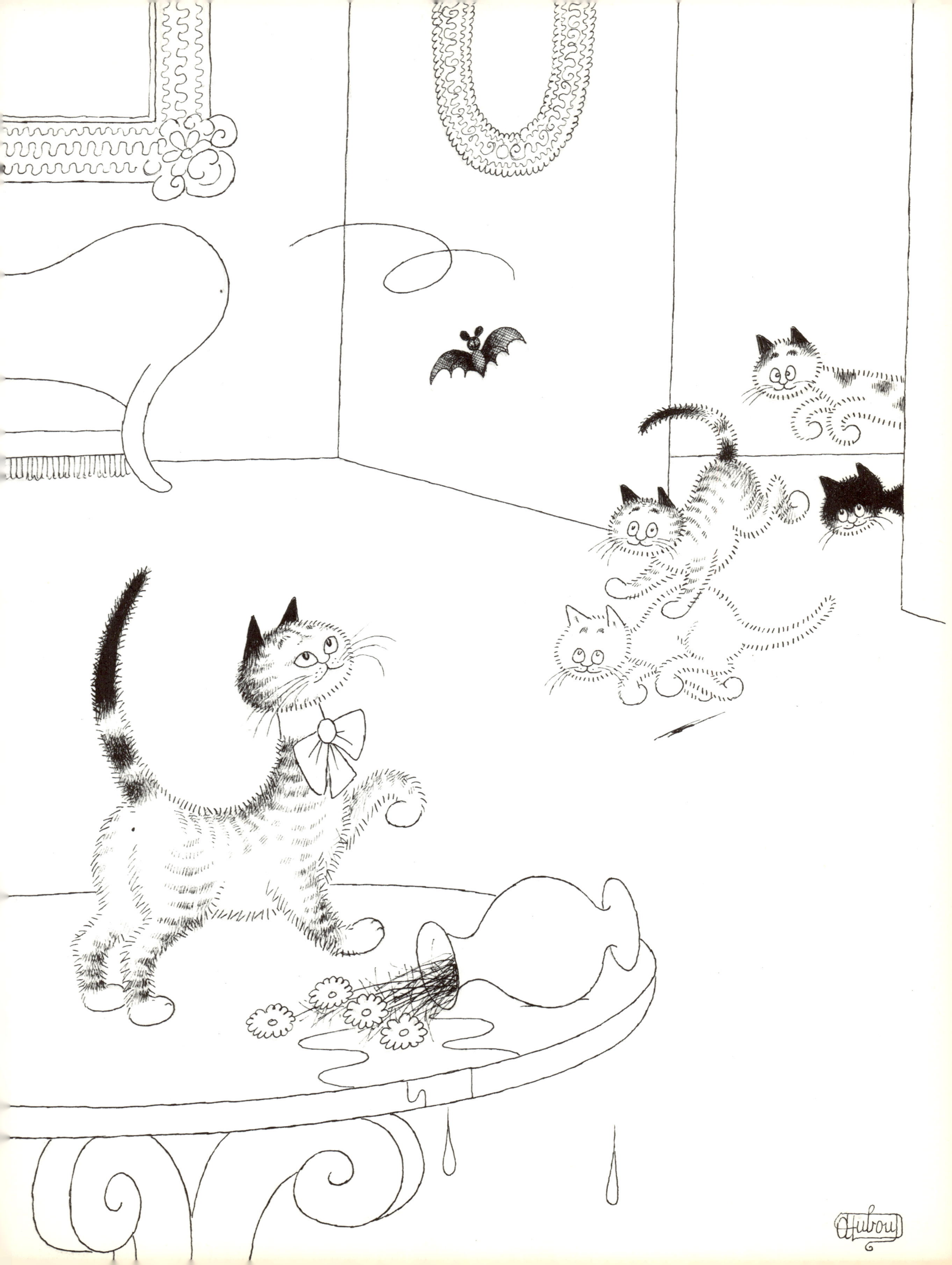
Dubout

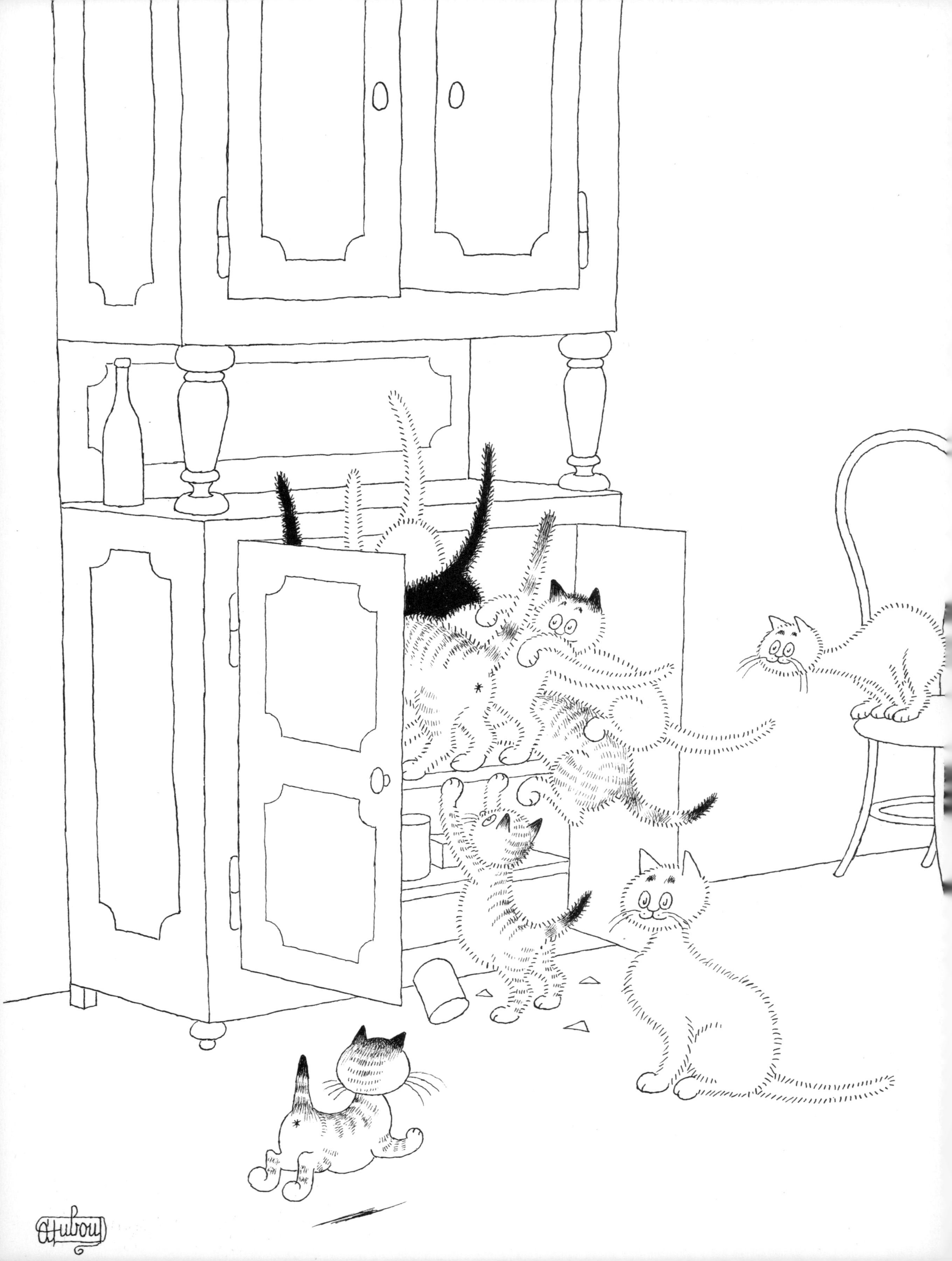

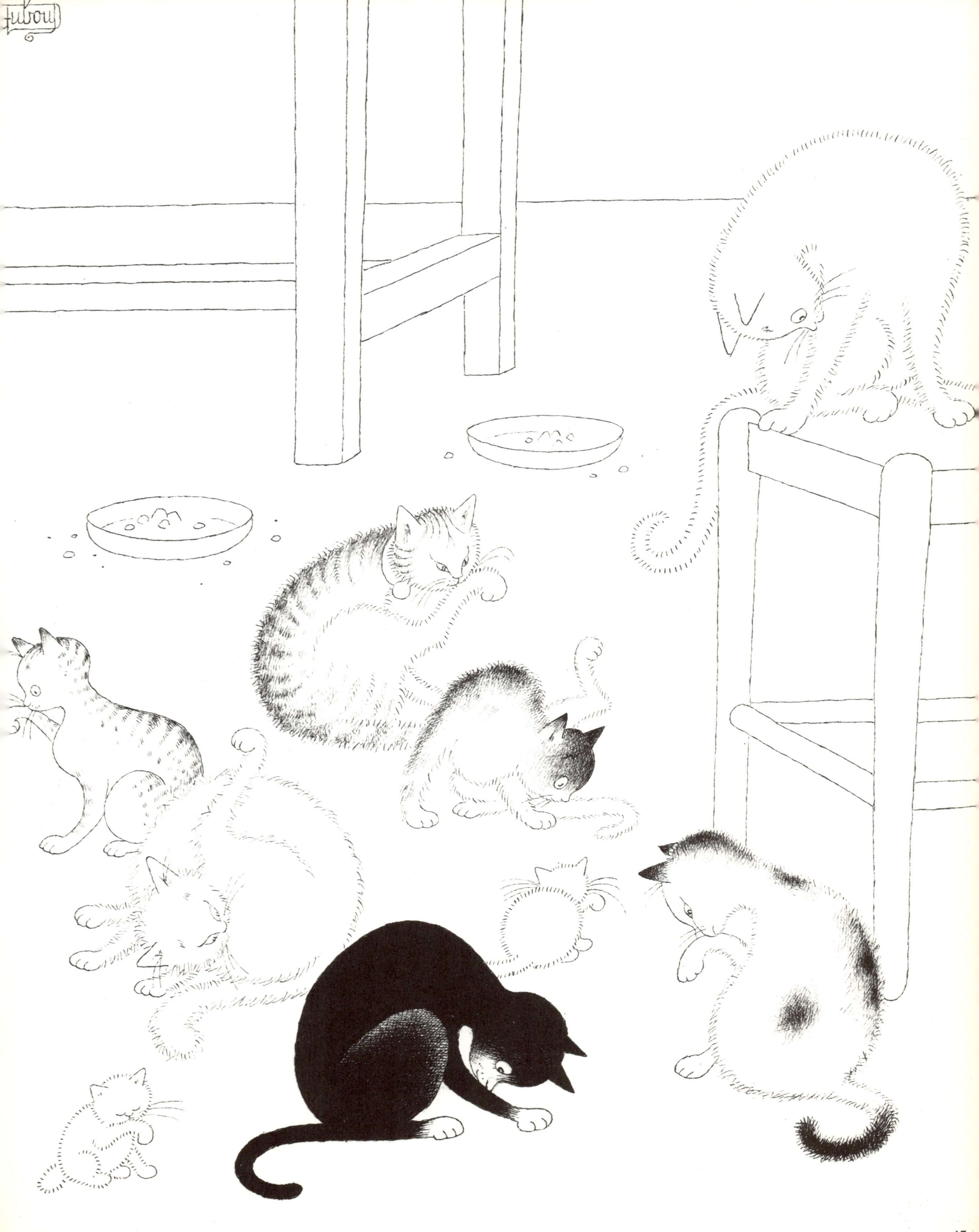

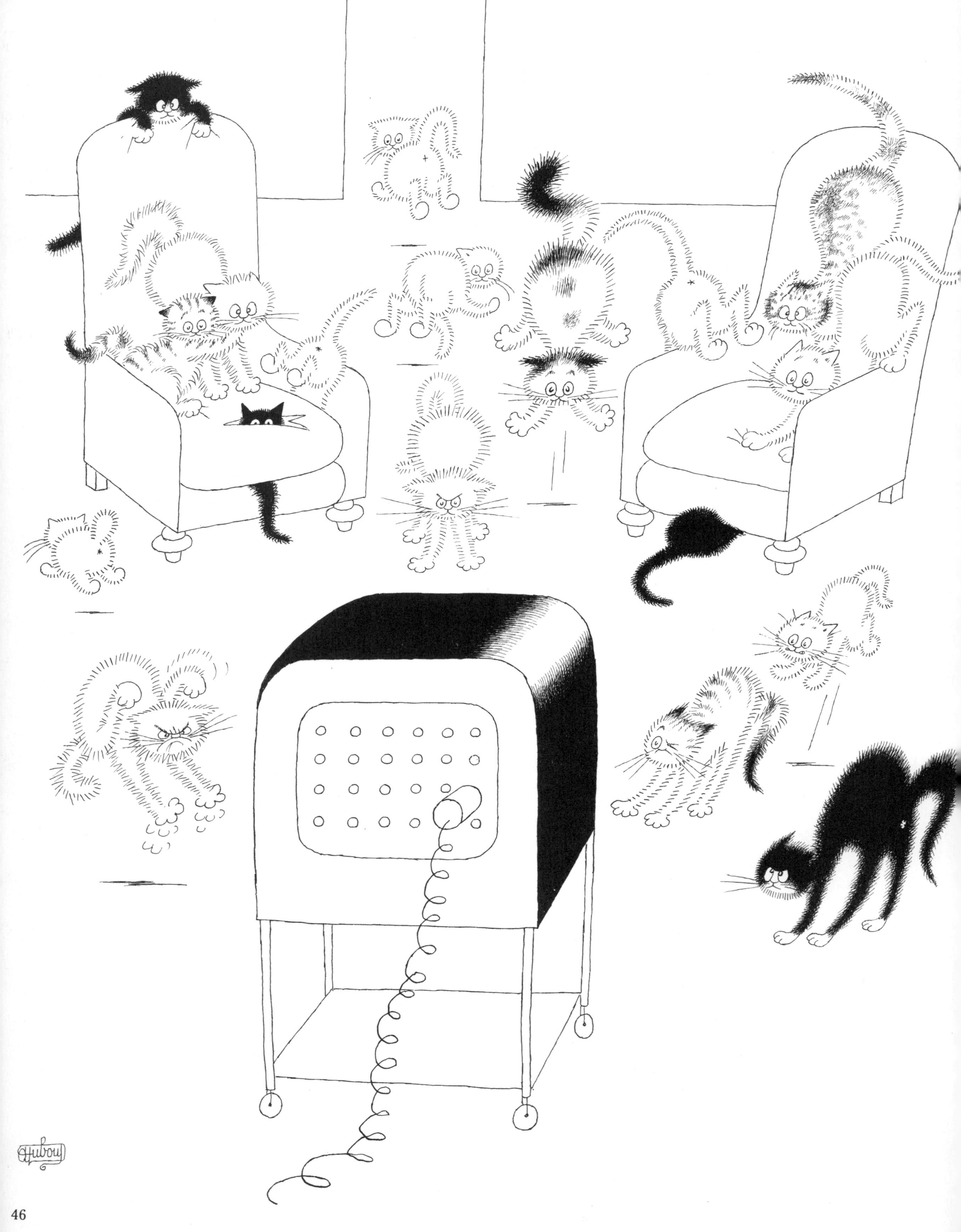
Dubout

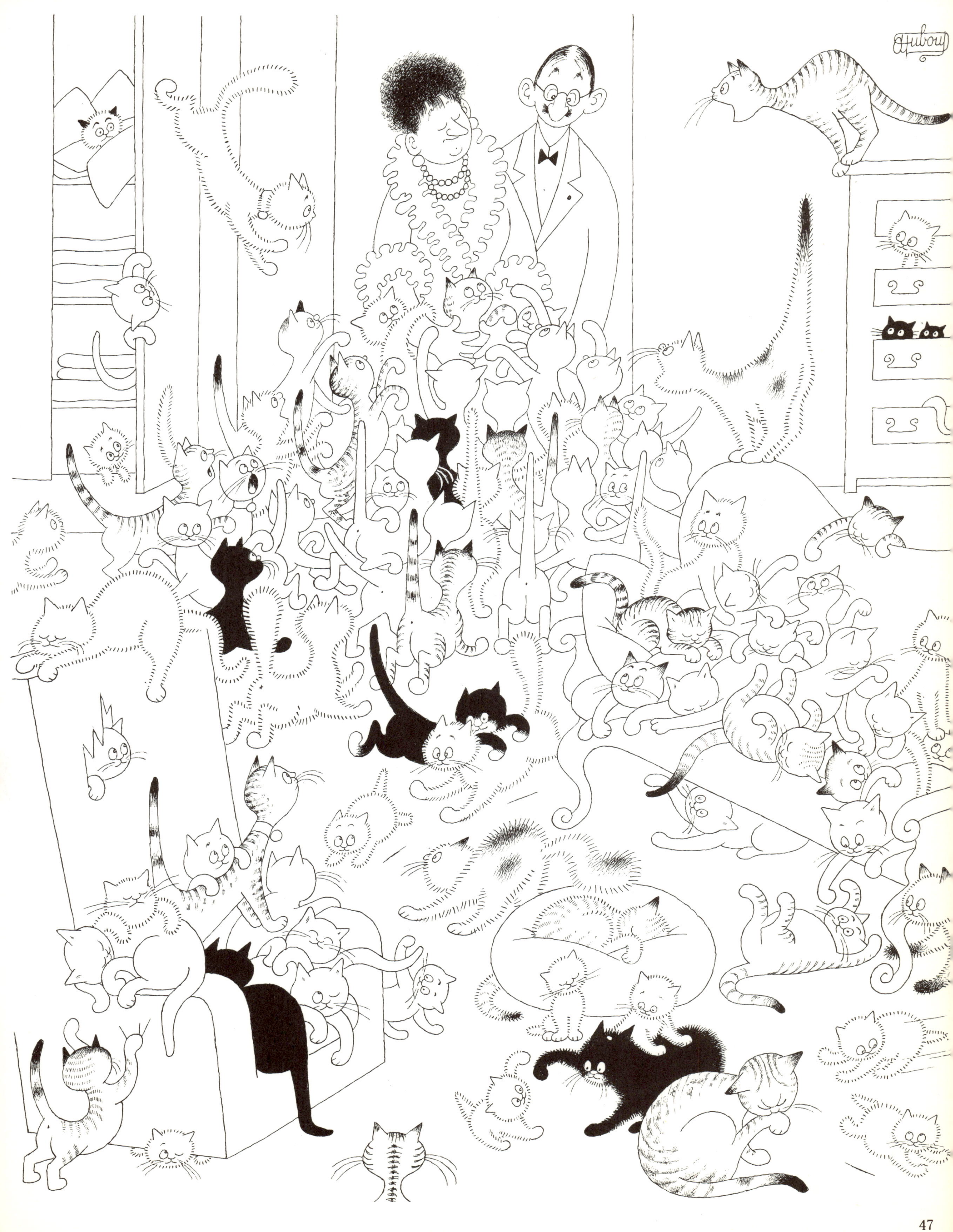
Dubout

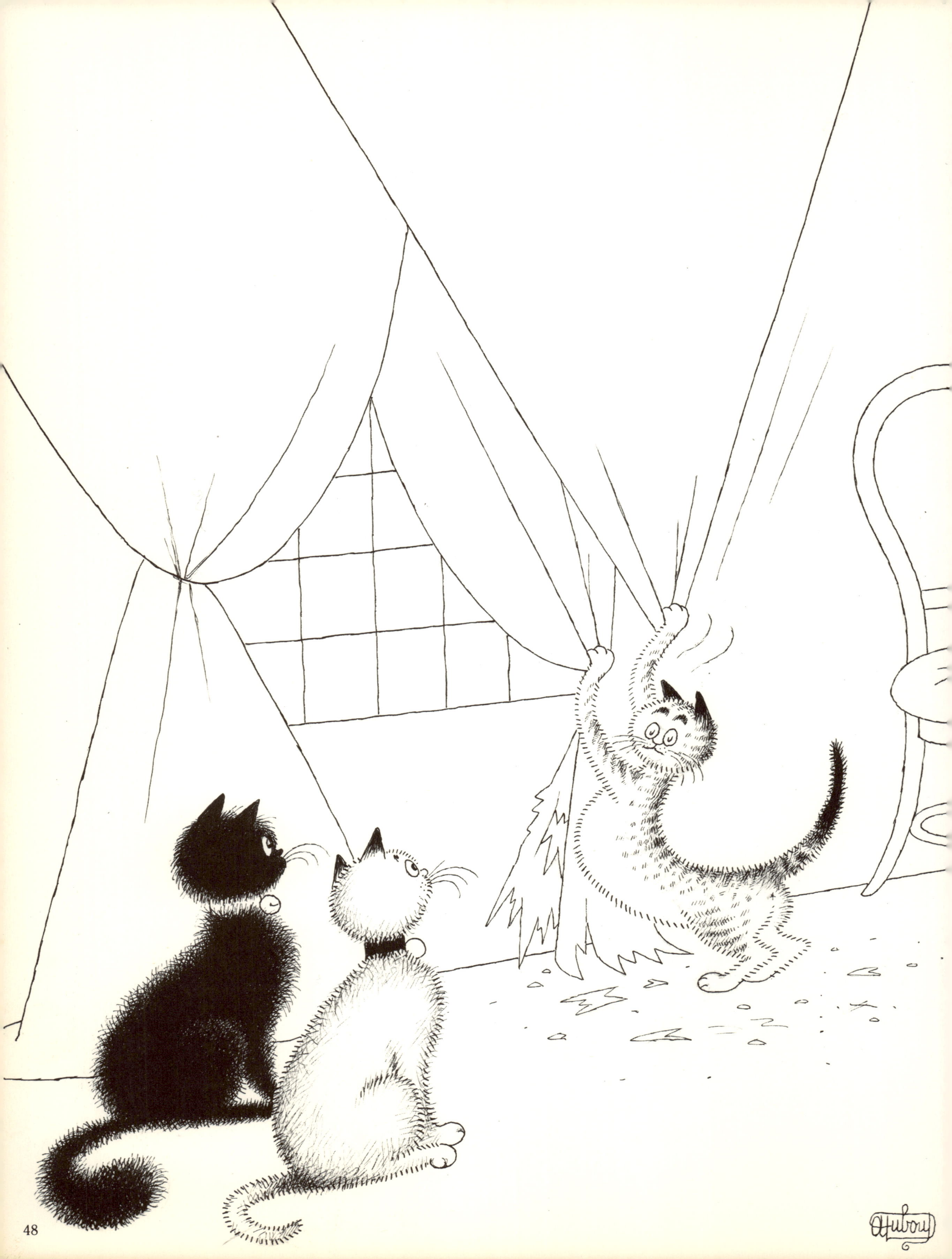
AHubou

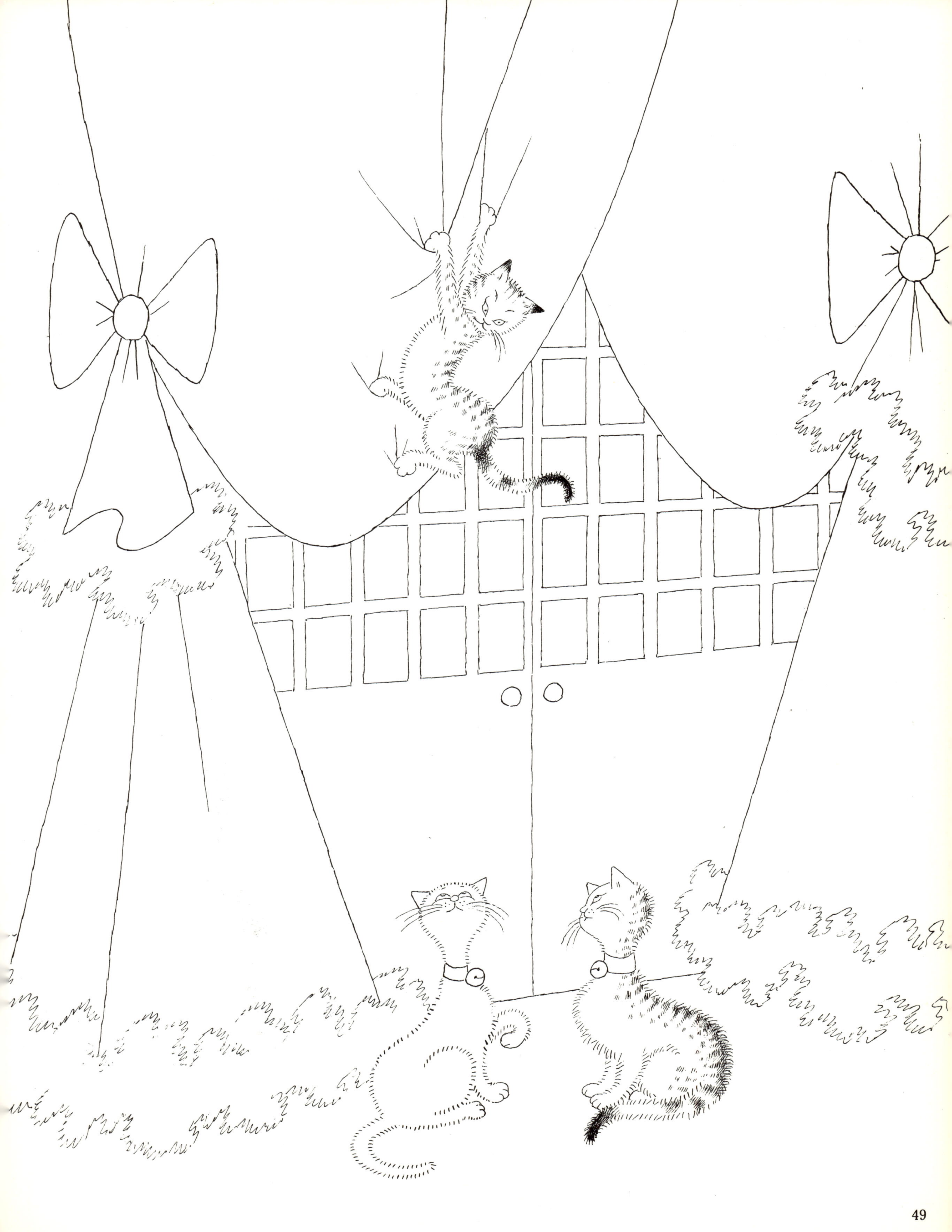

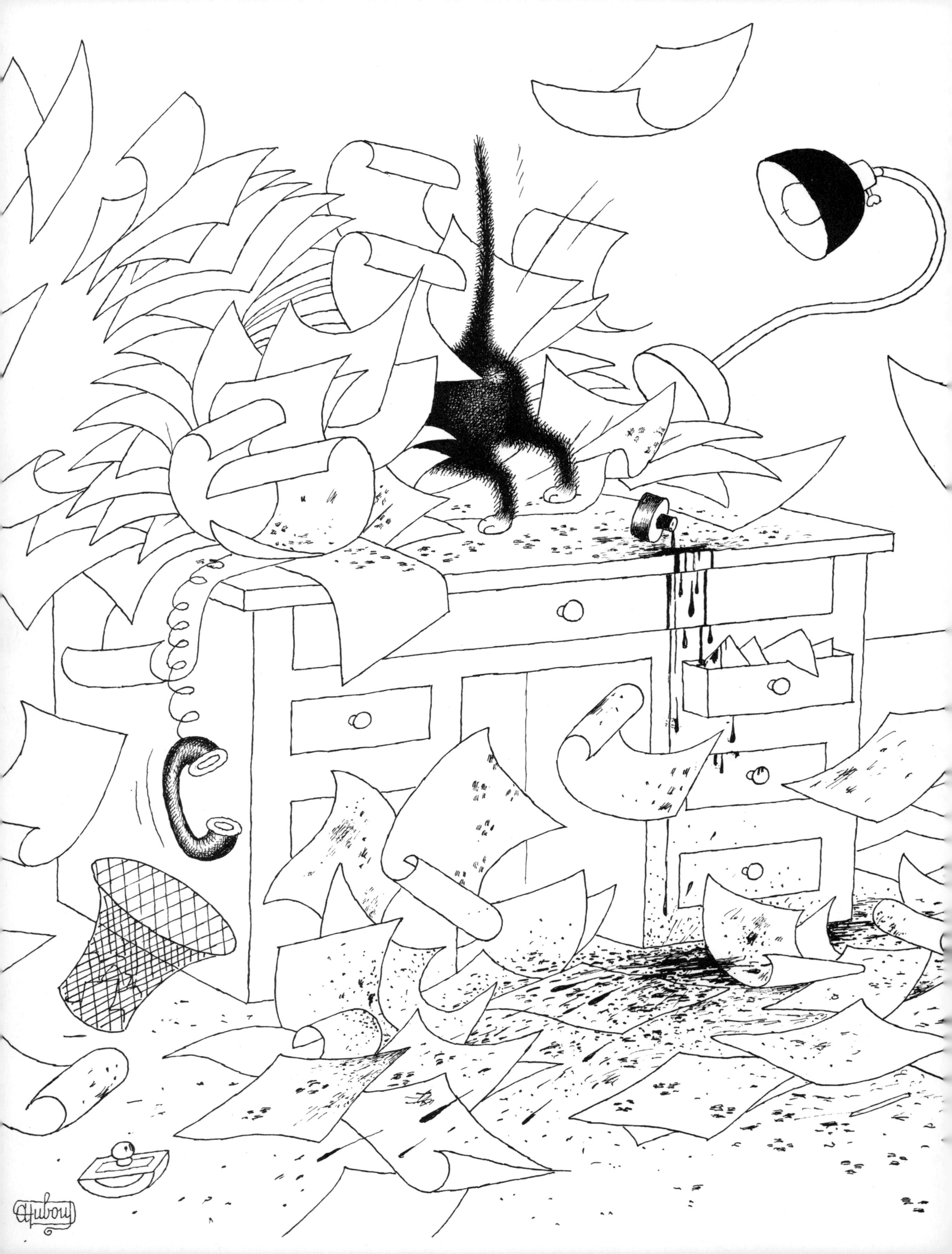
Dubout

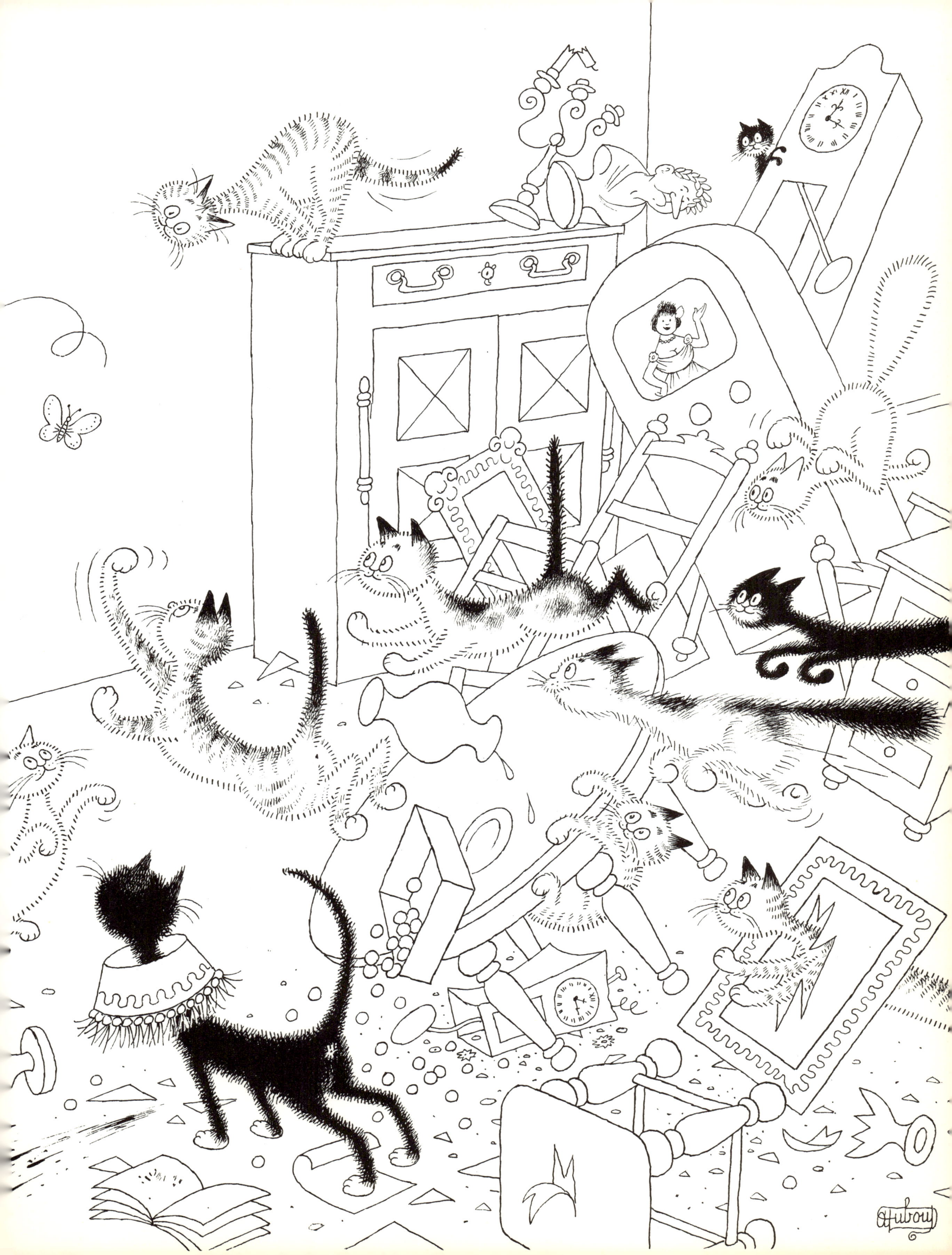

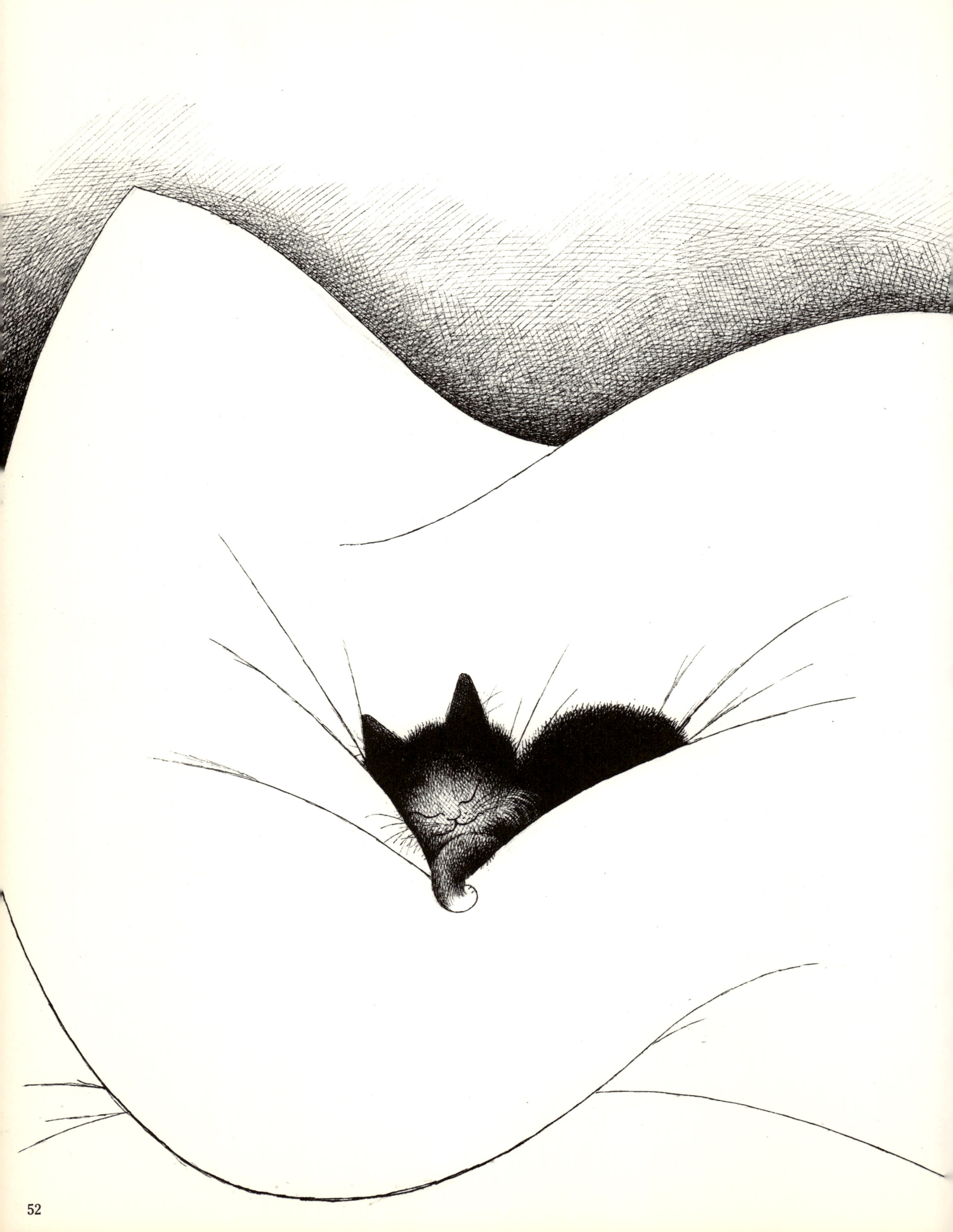

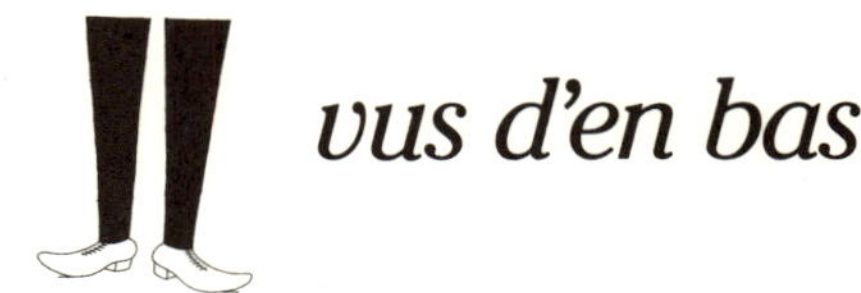

vus d'en bas

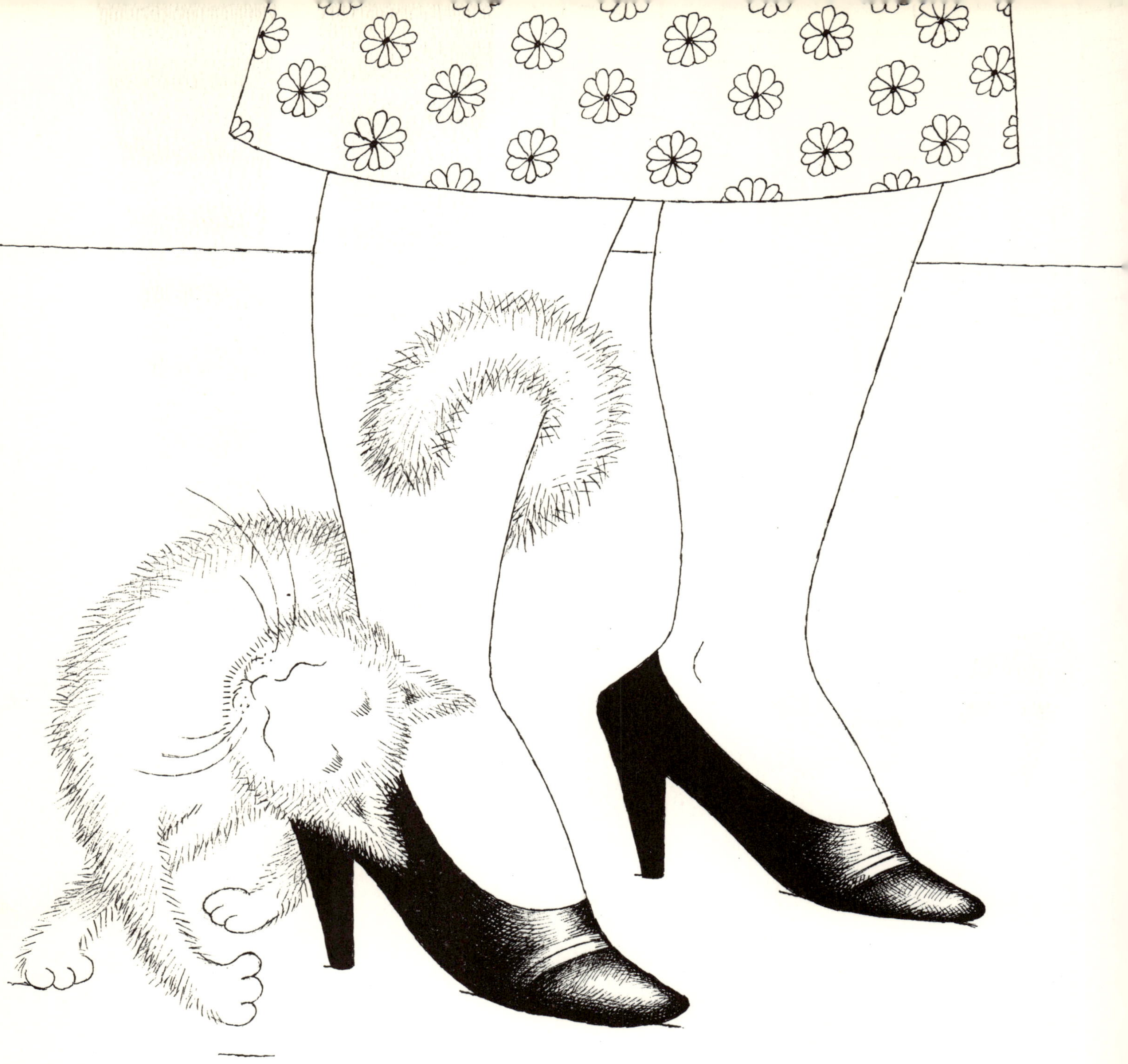

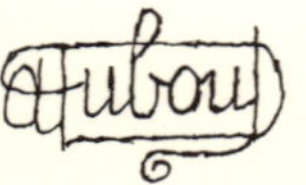

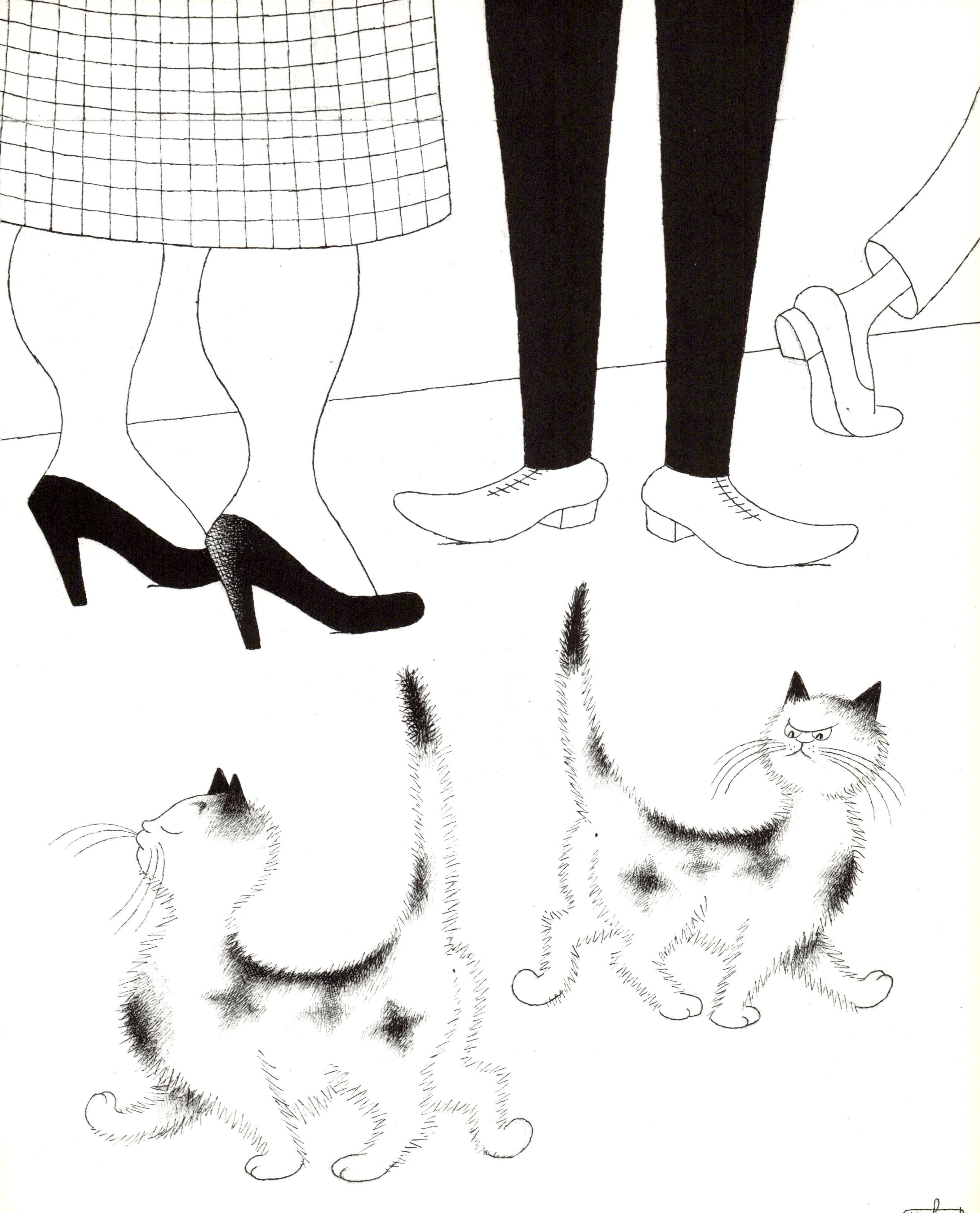
Dubout

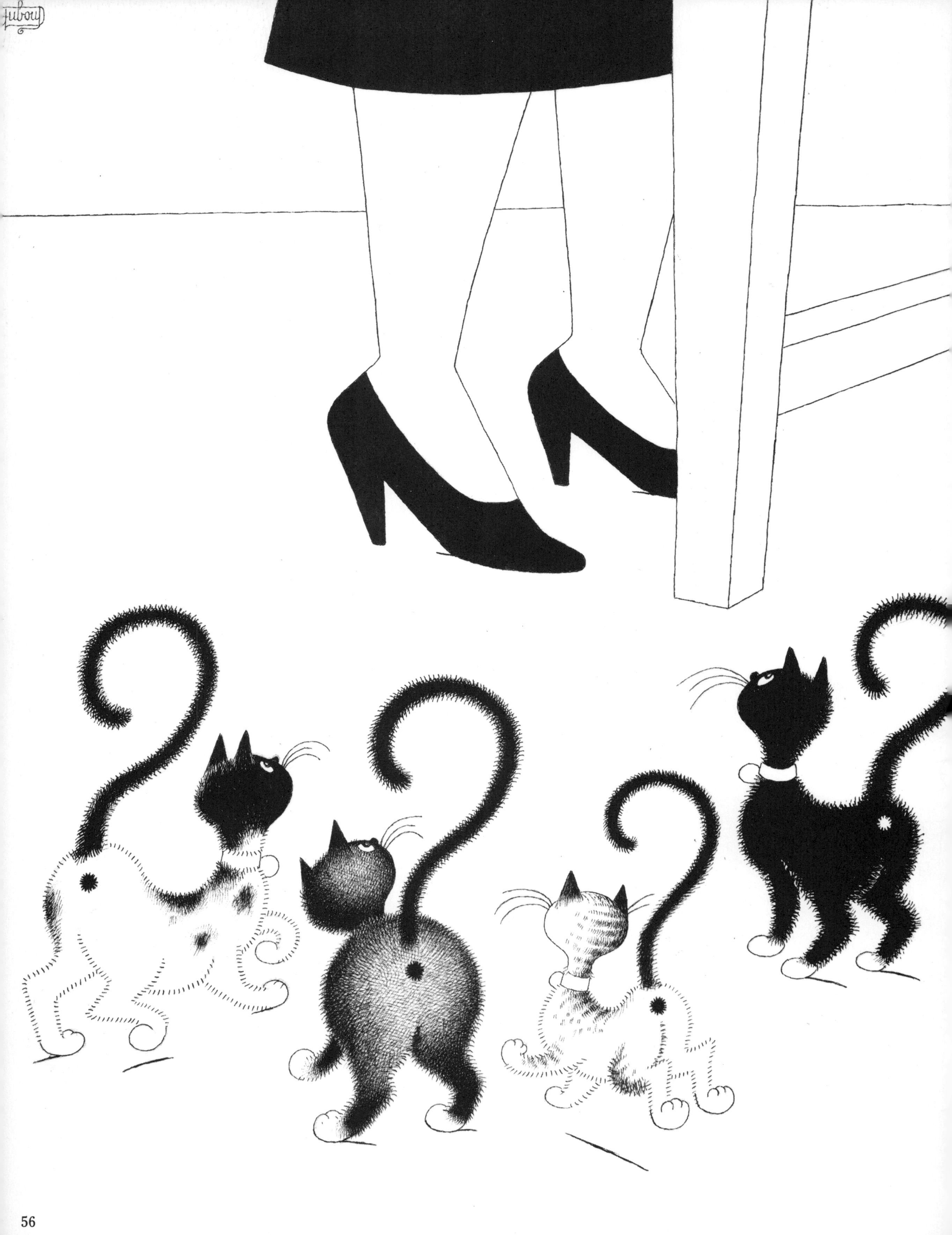

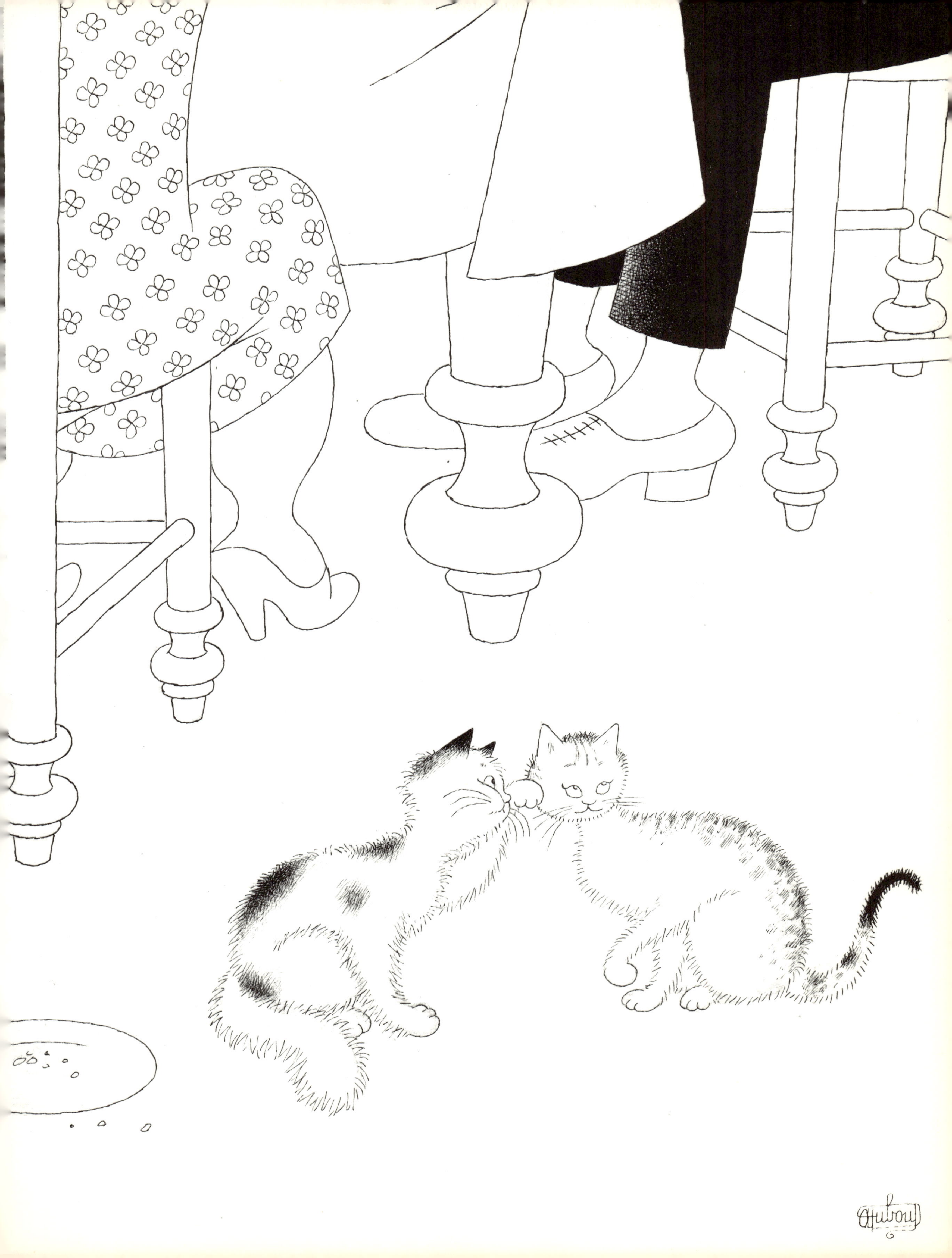

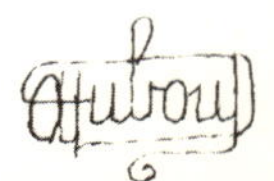

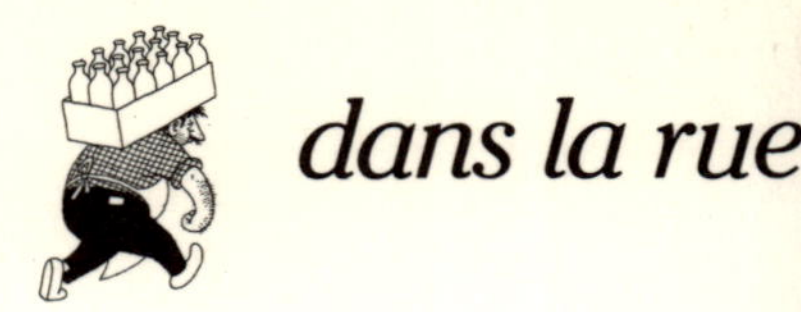

dans la rue

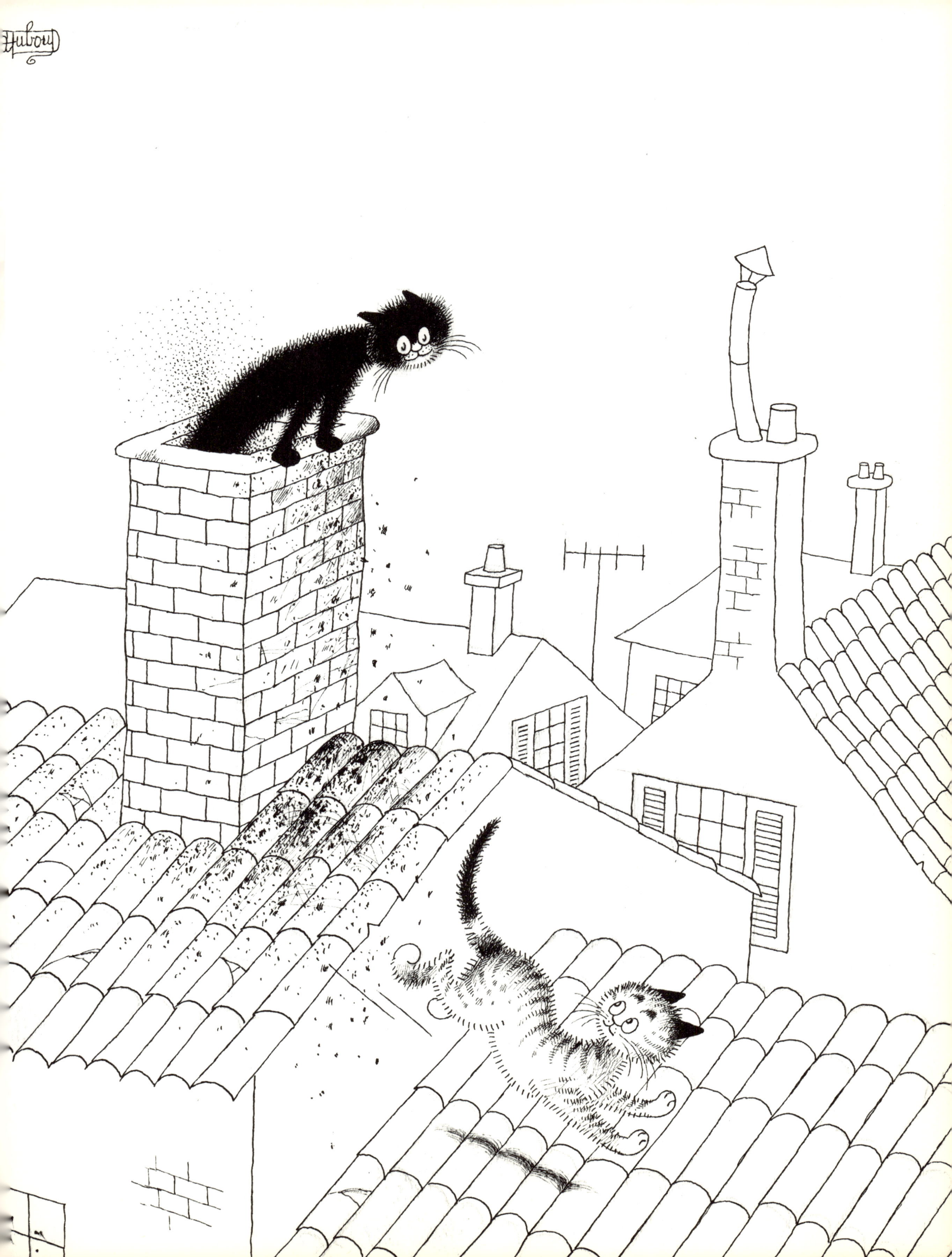

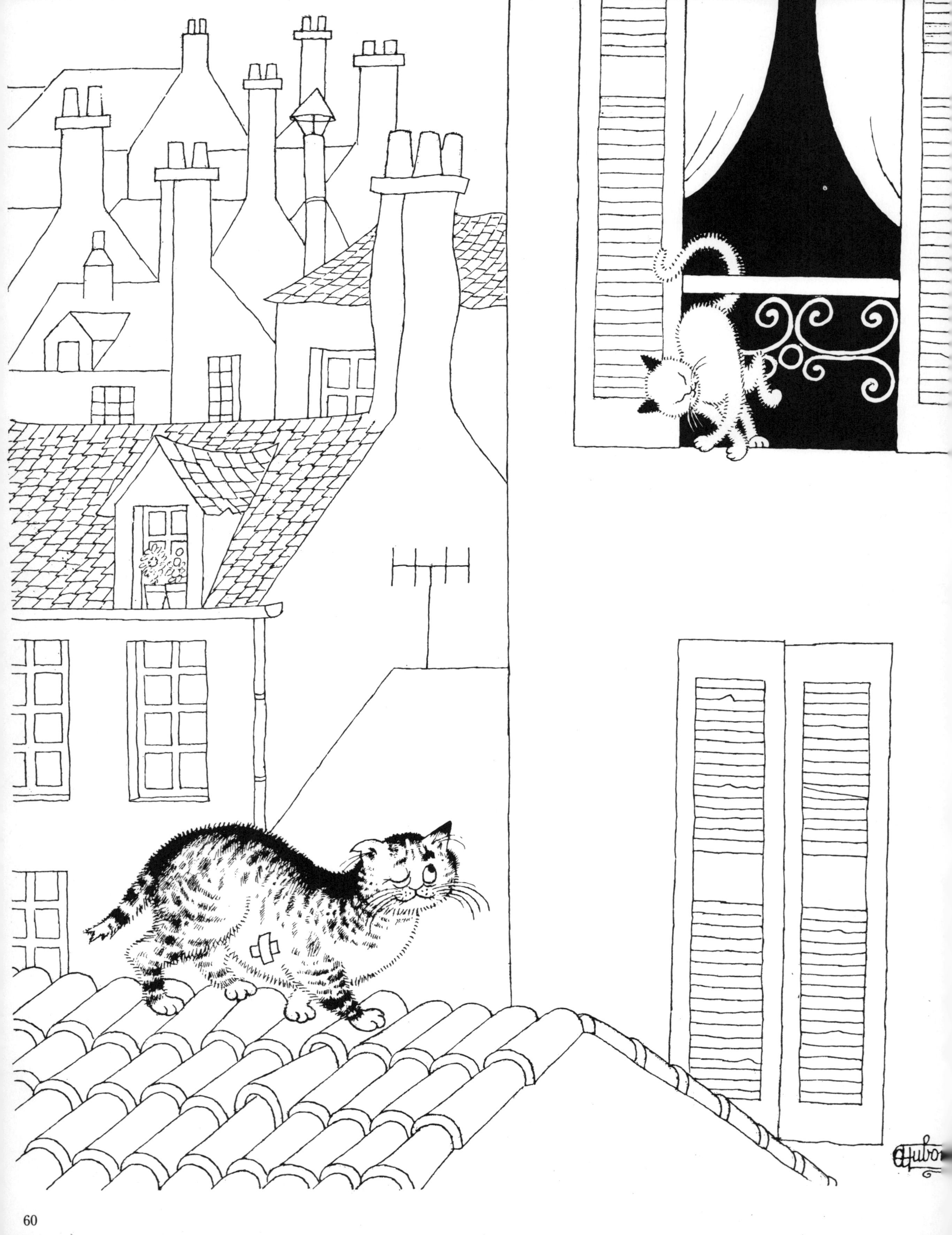

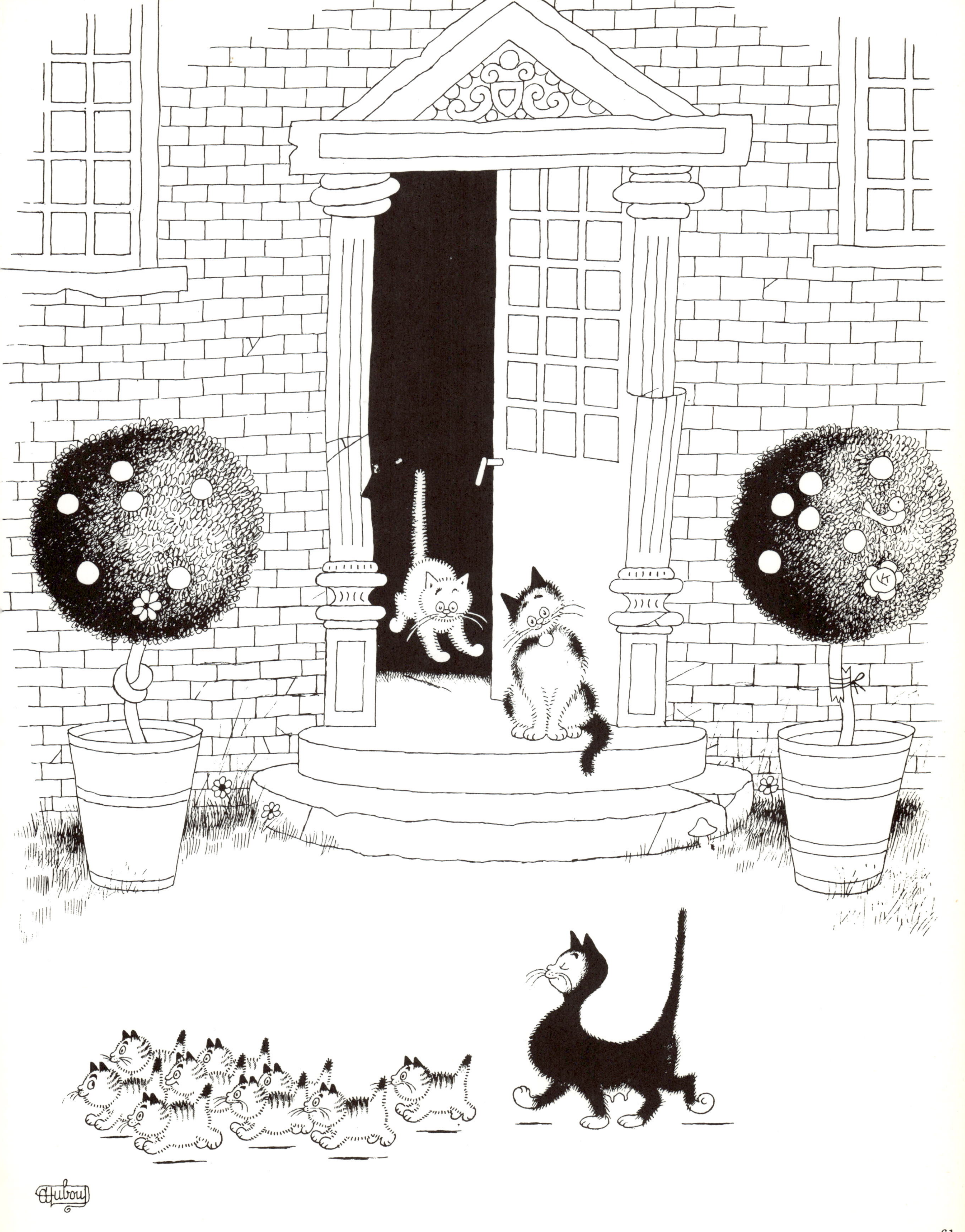
ADubout

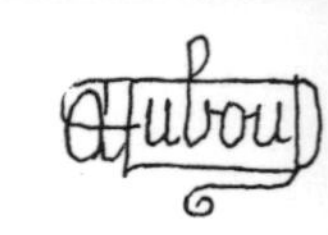
Dubout

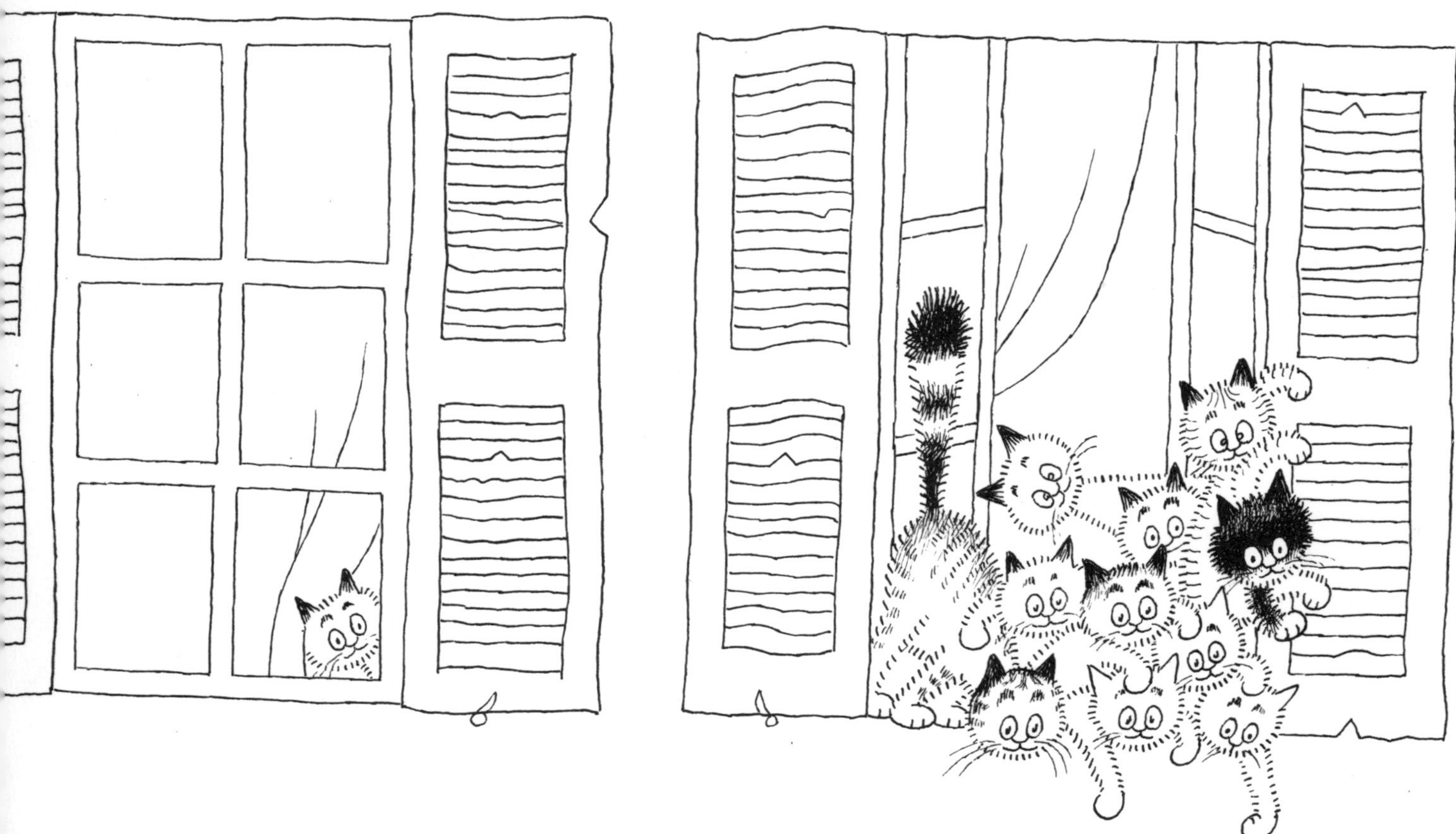

LAITERIE
ODERNE

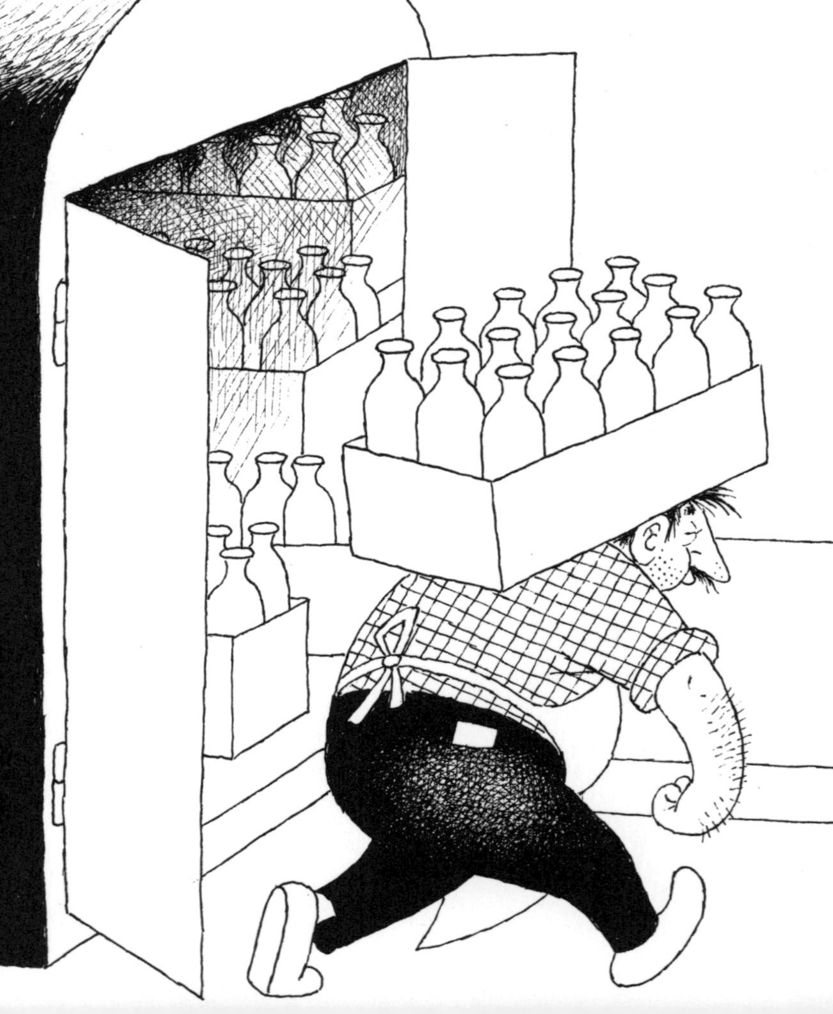

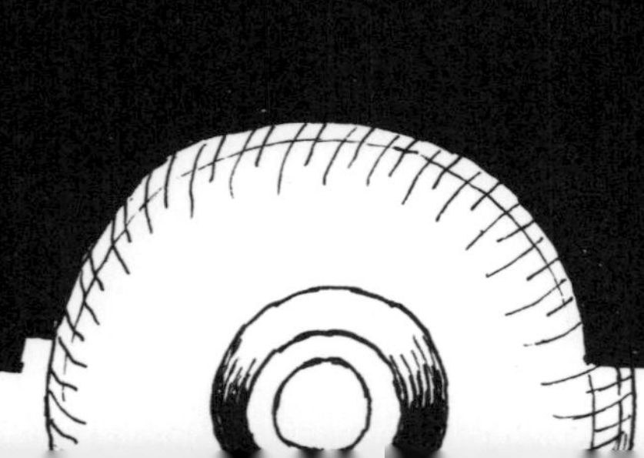

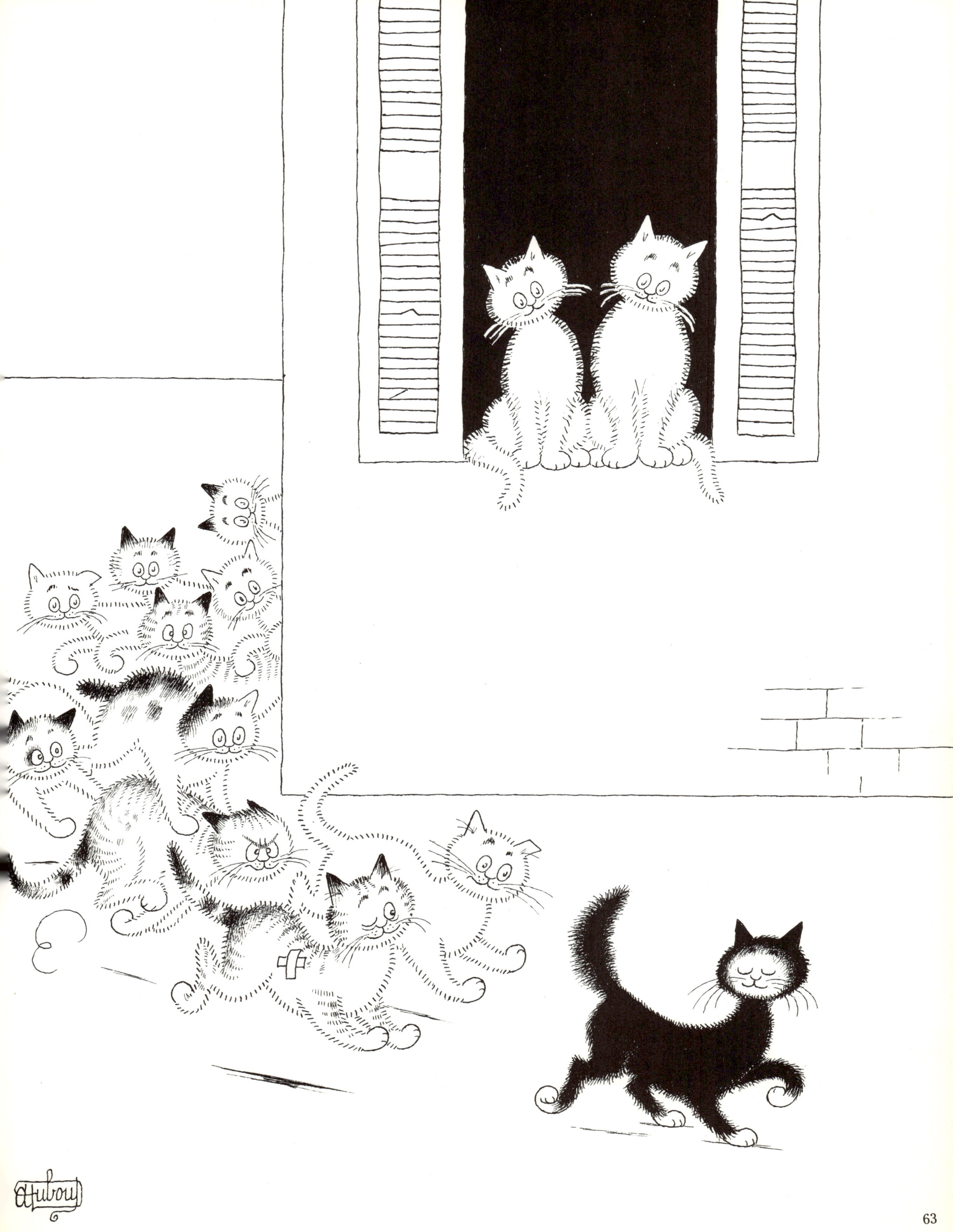

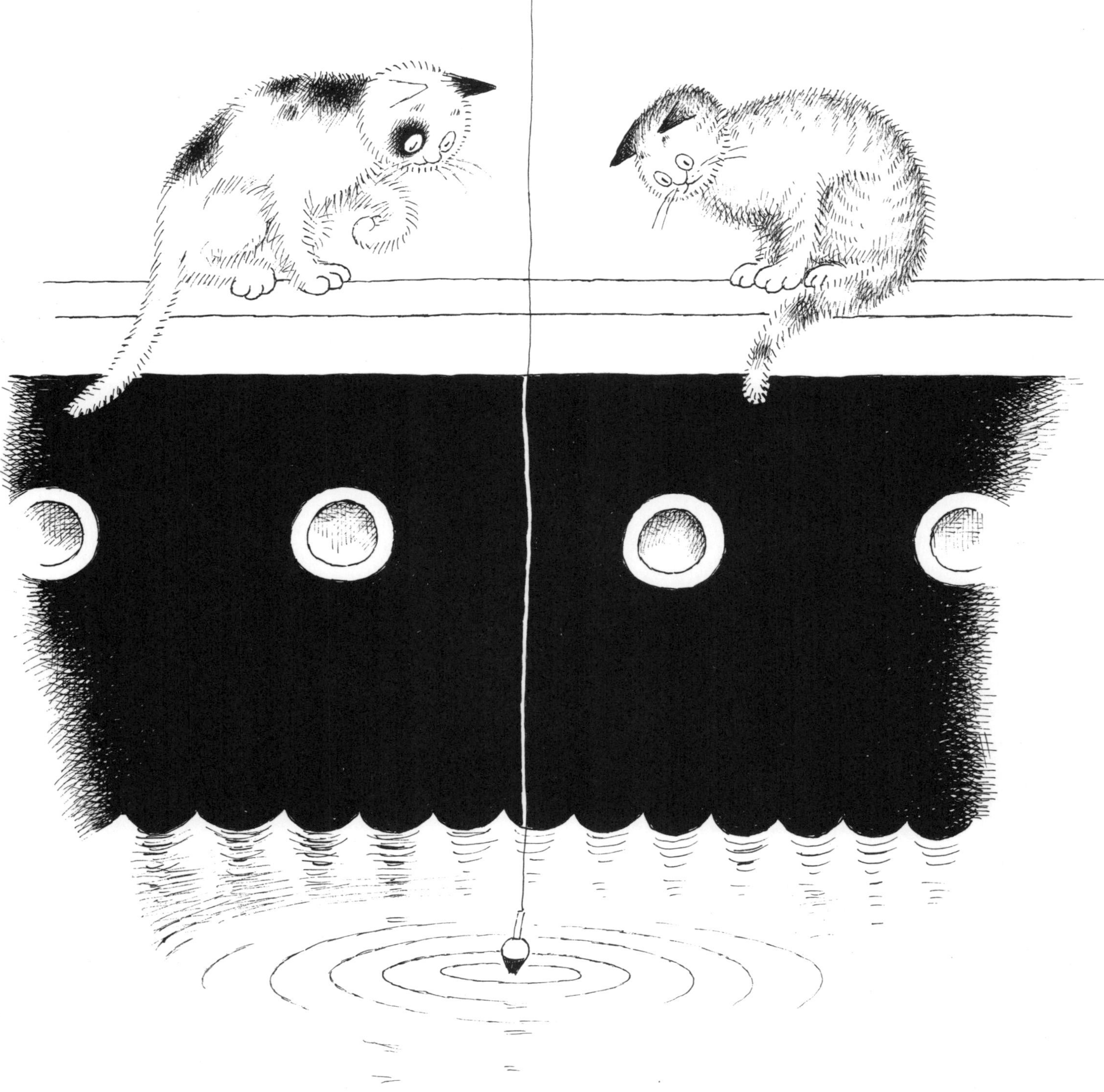

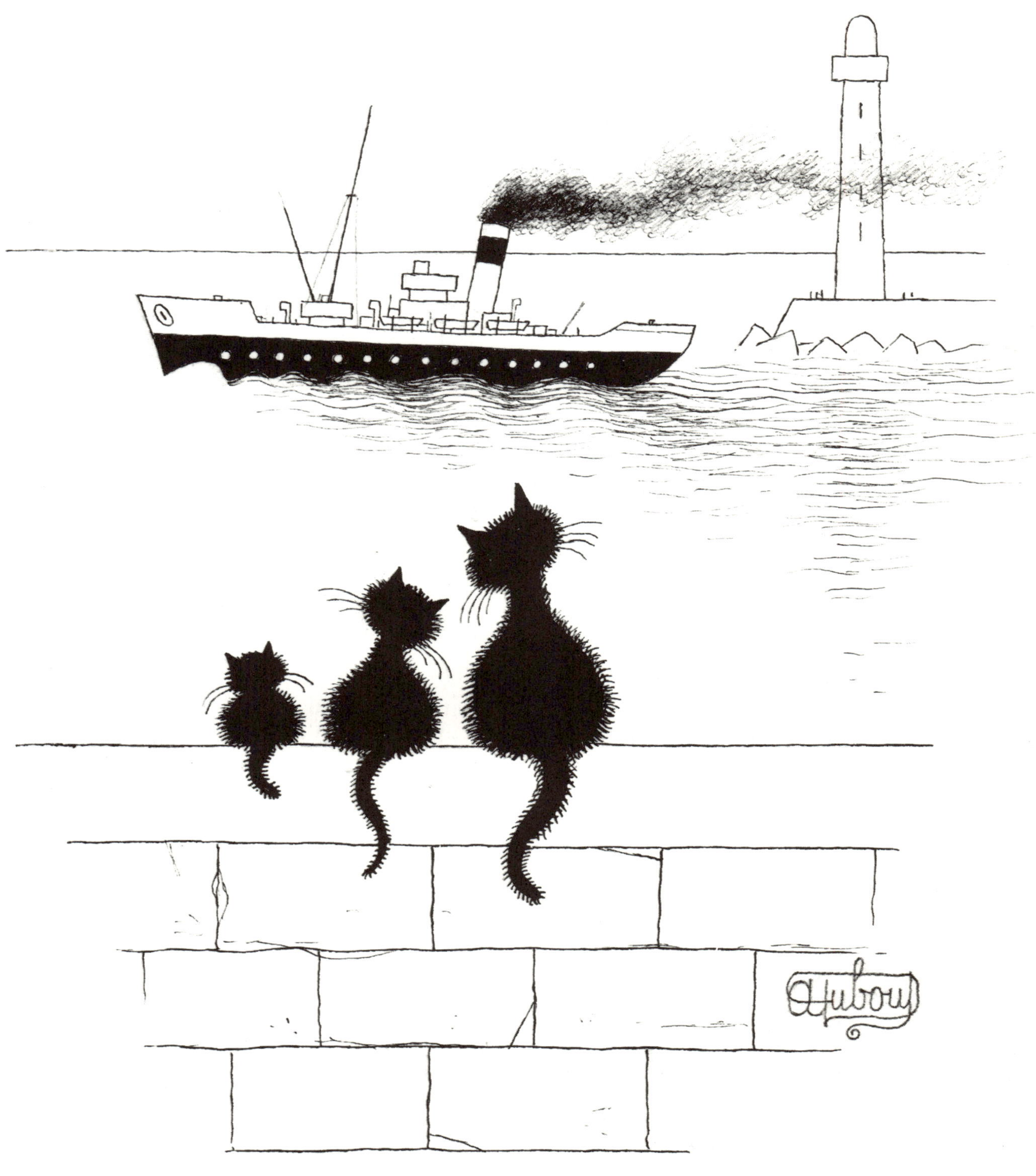

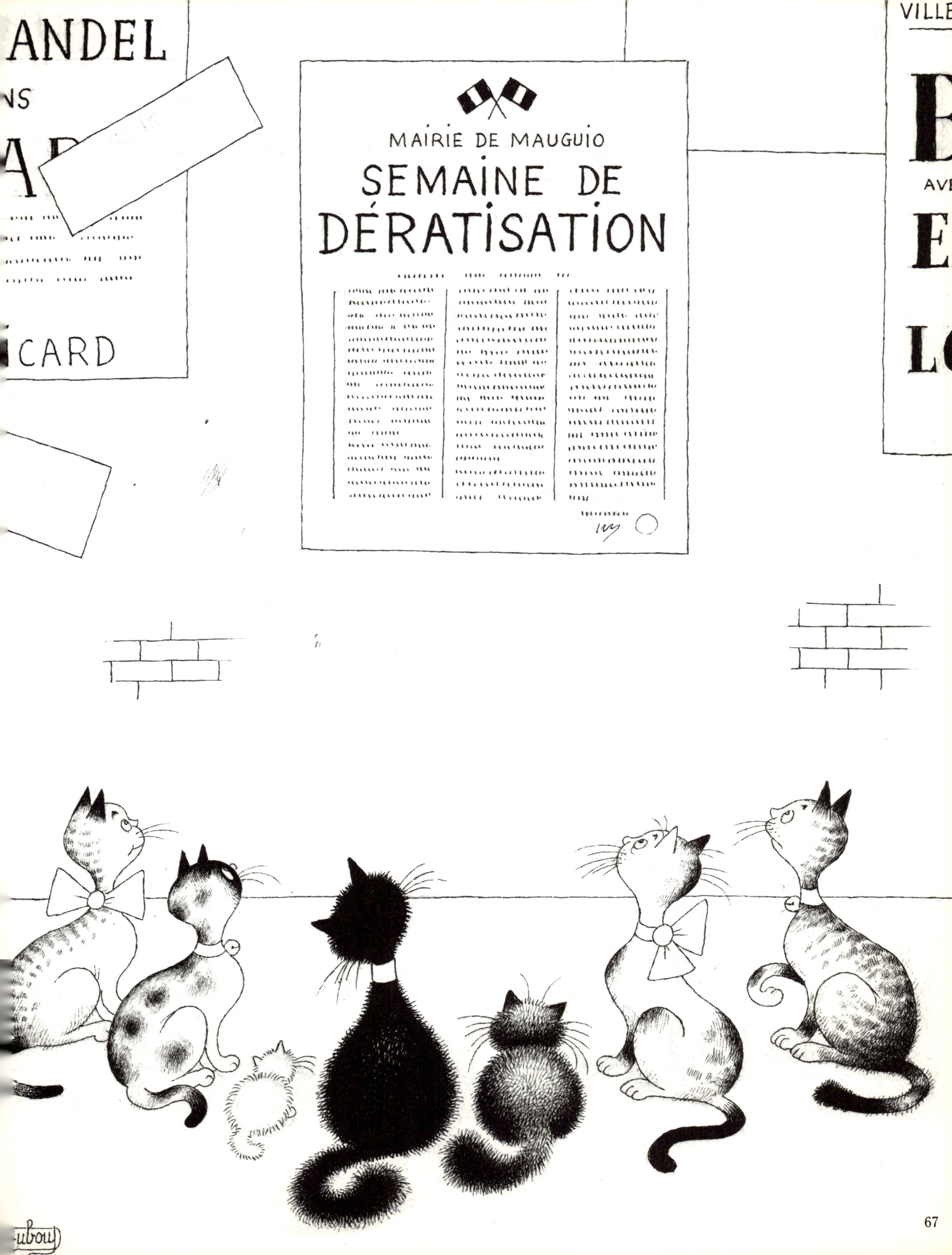
ANDEL
CARD
MAIRIE DE MAUGUIO
SEMAINE DE DÉRATISATION
VILLE
AVE

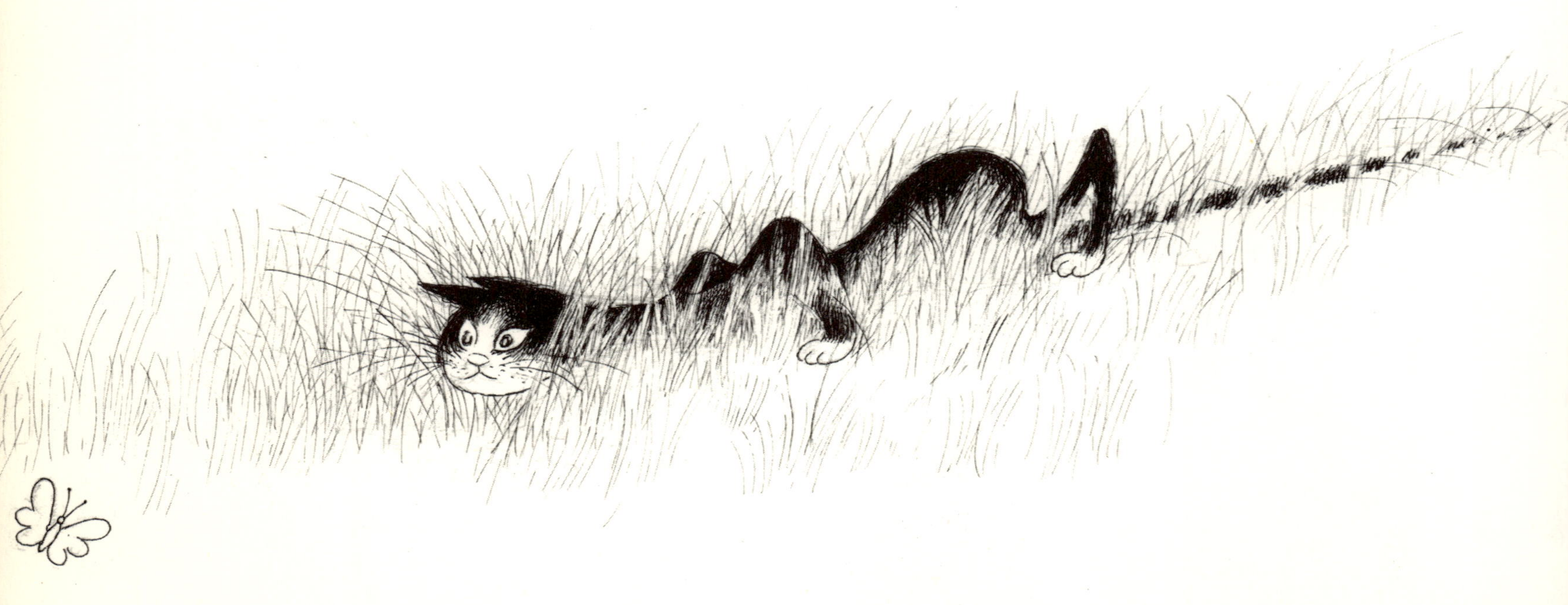

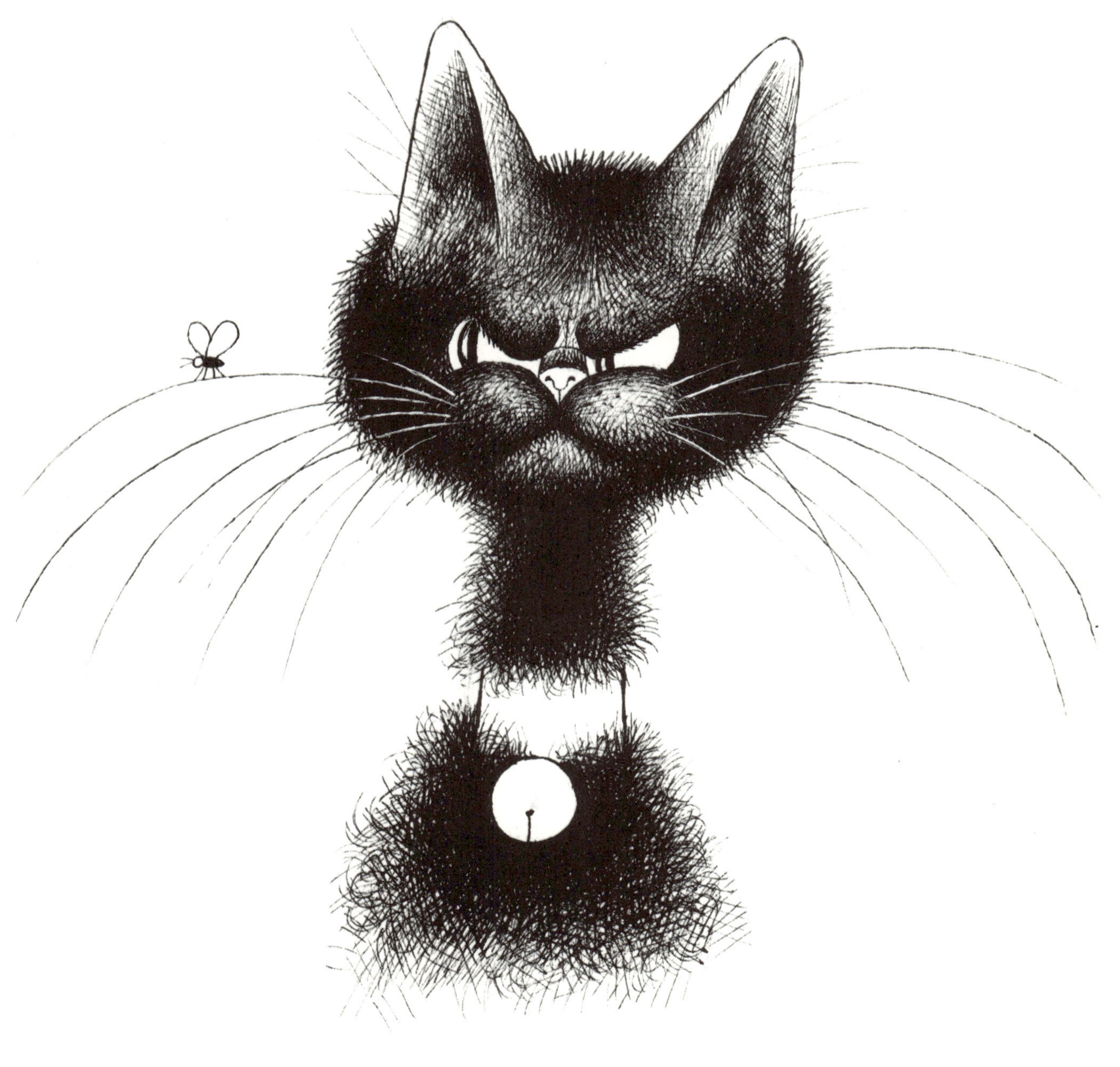

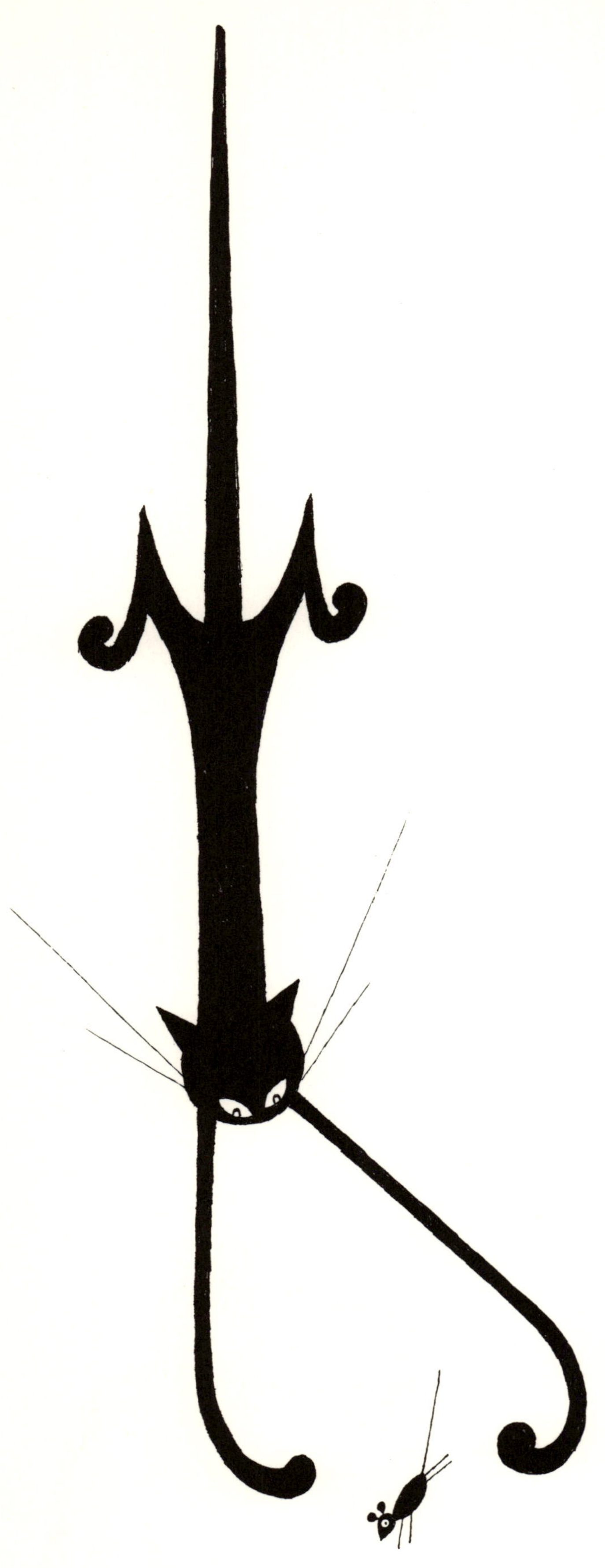

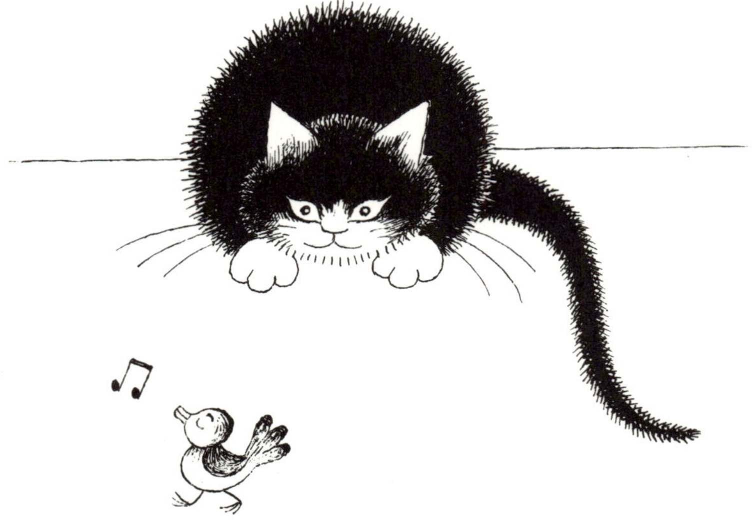

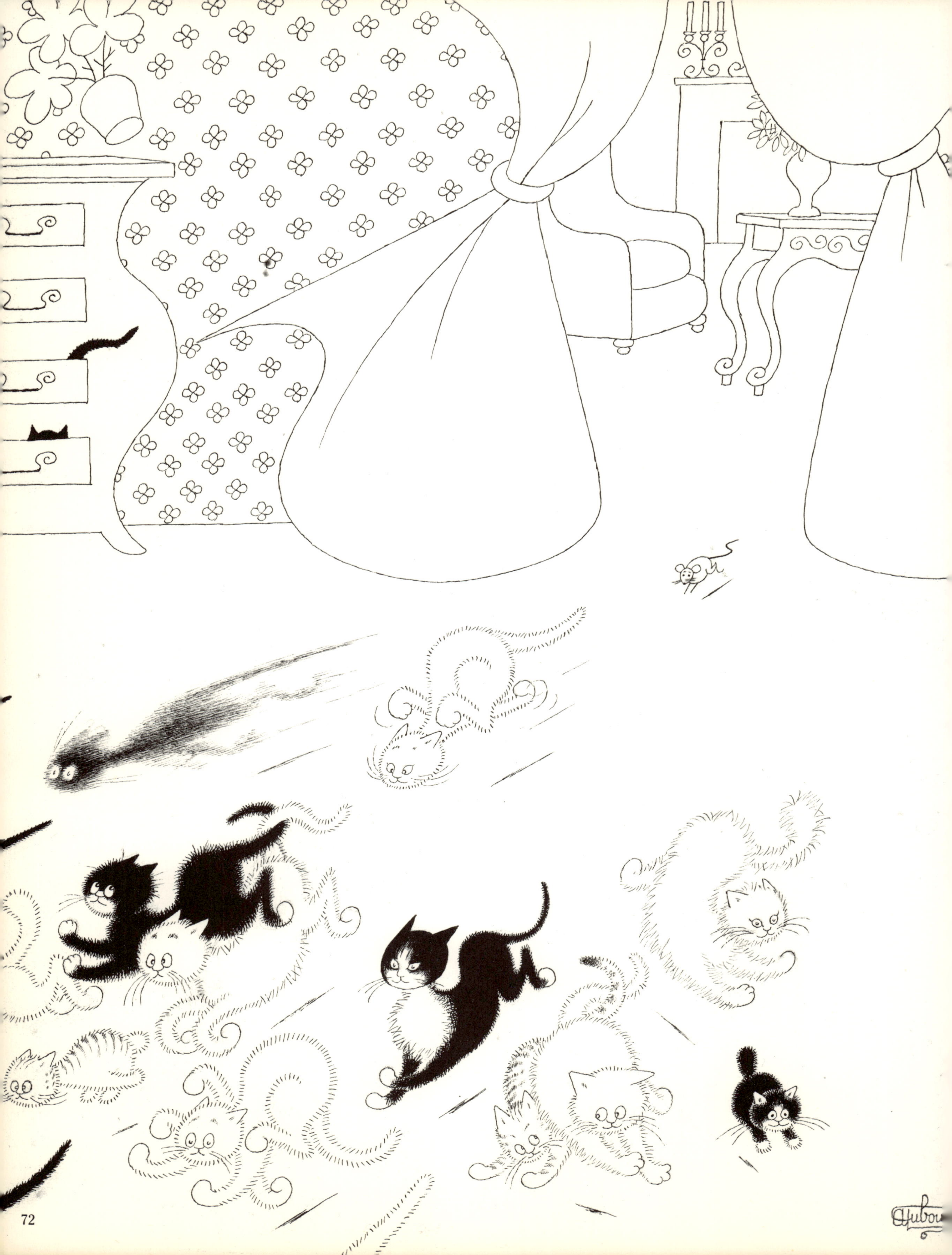

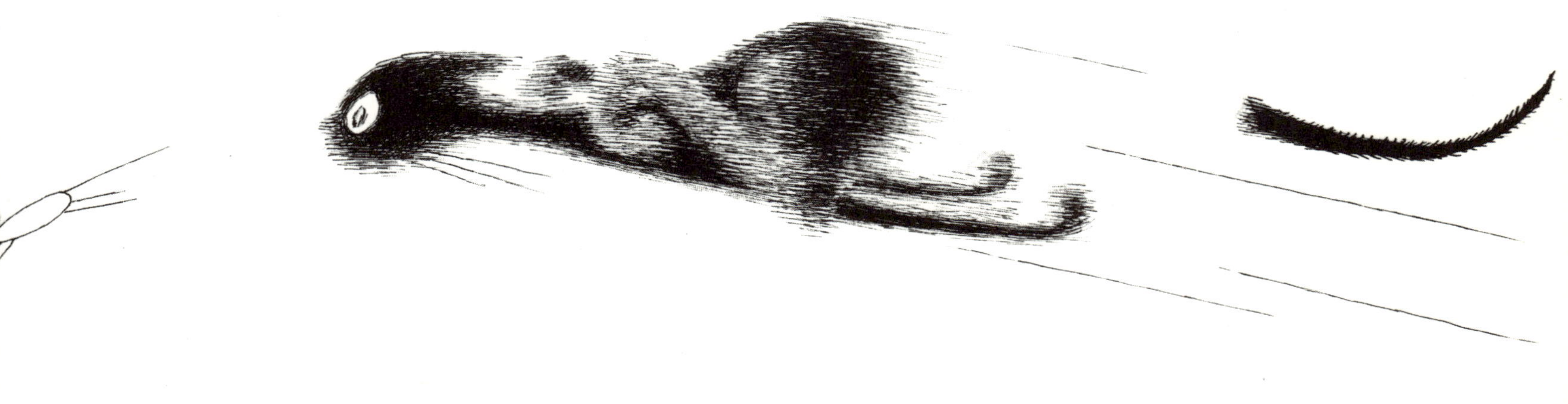

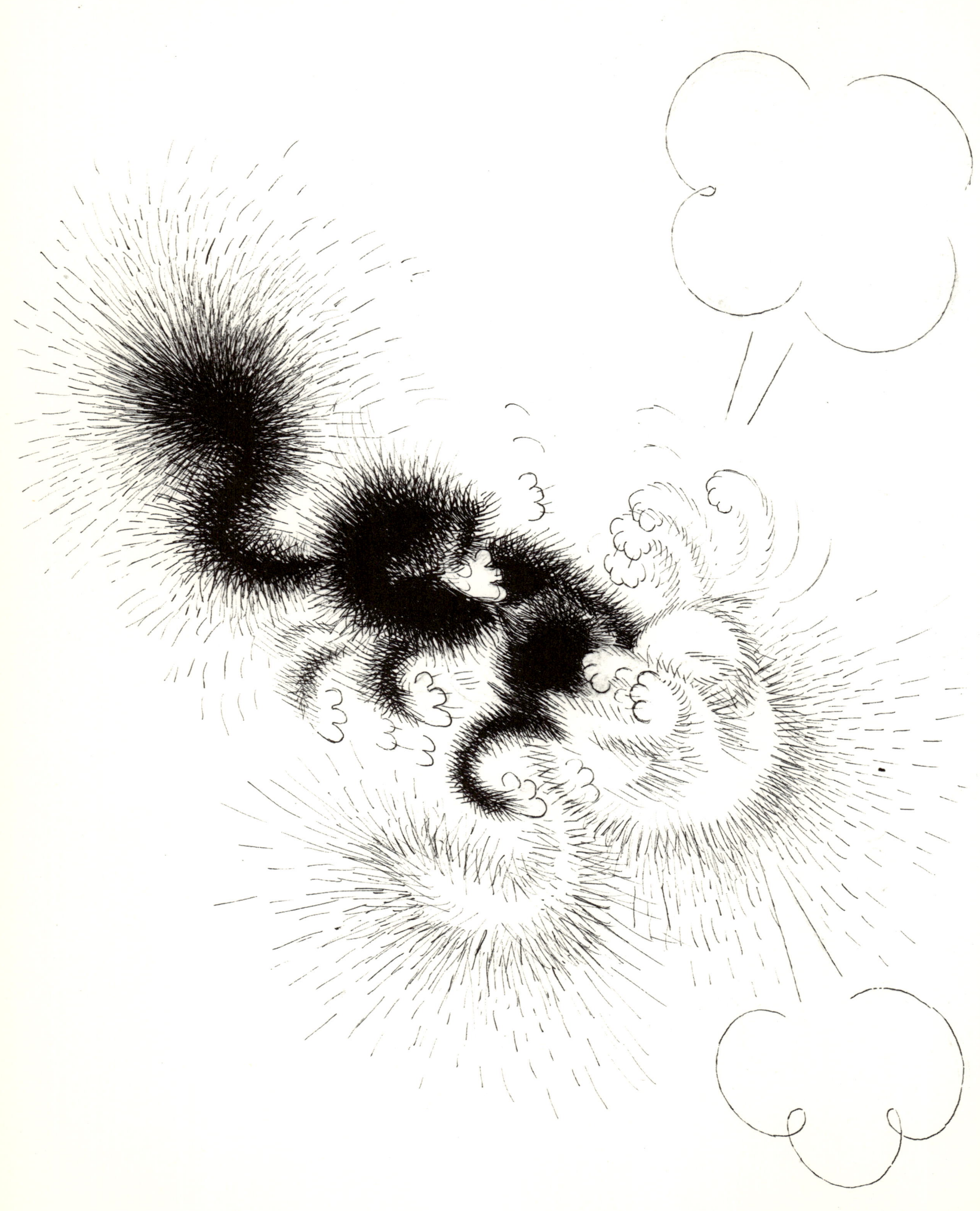

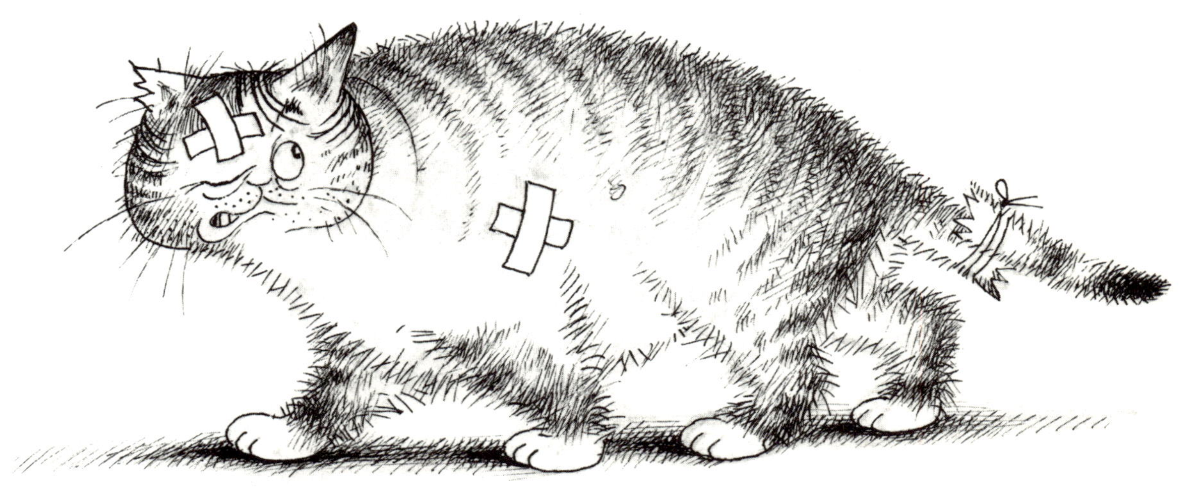

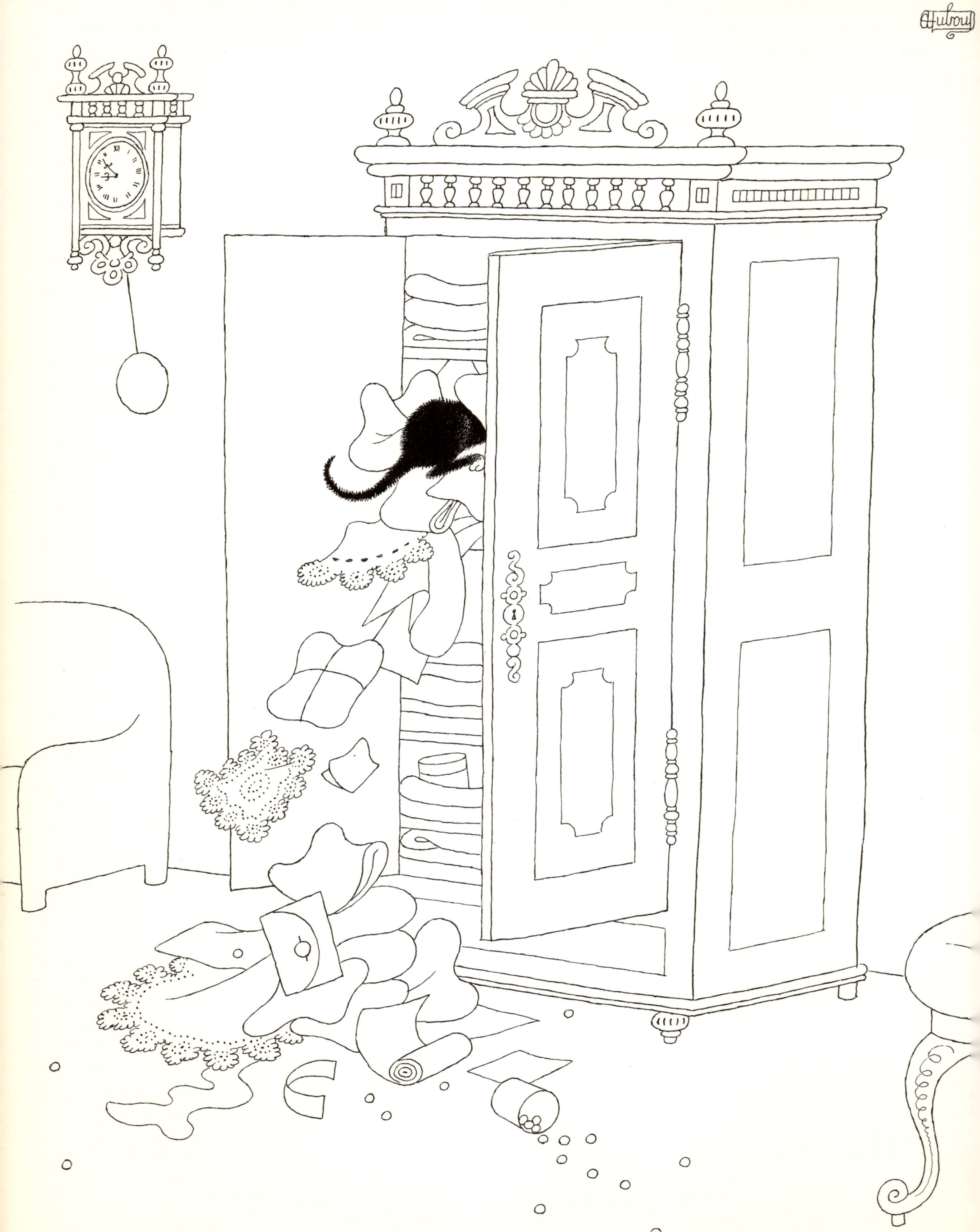

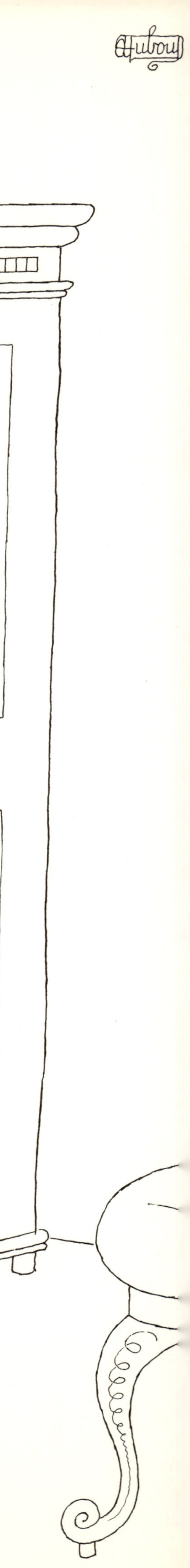

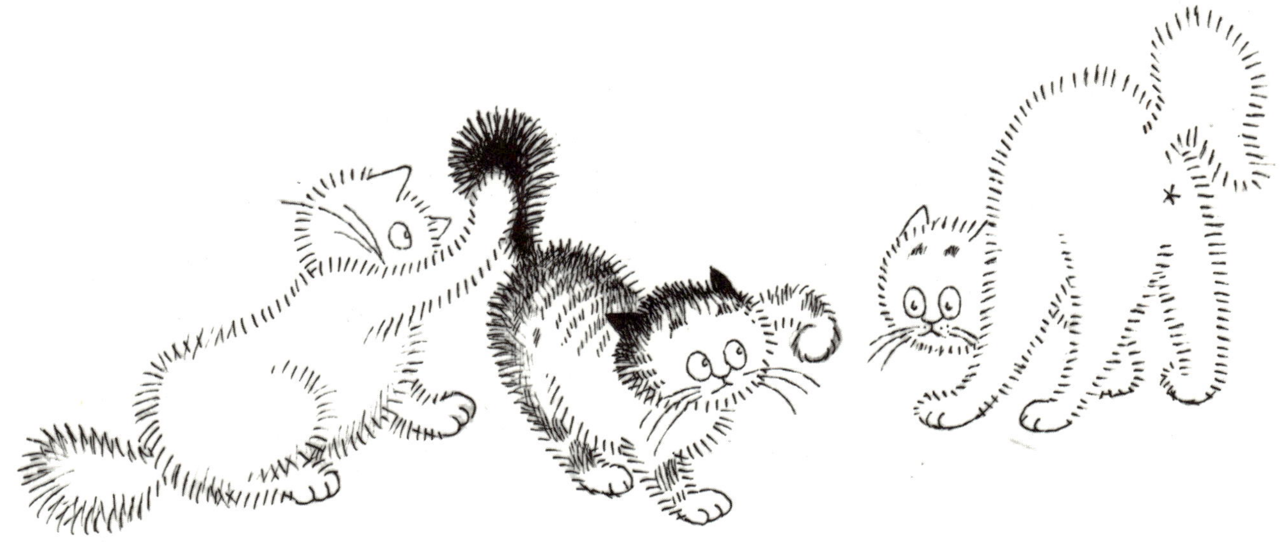

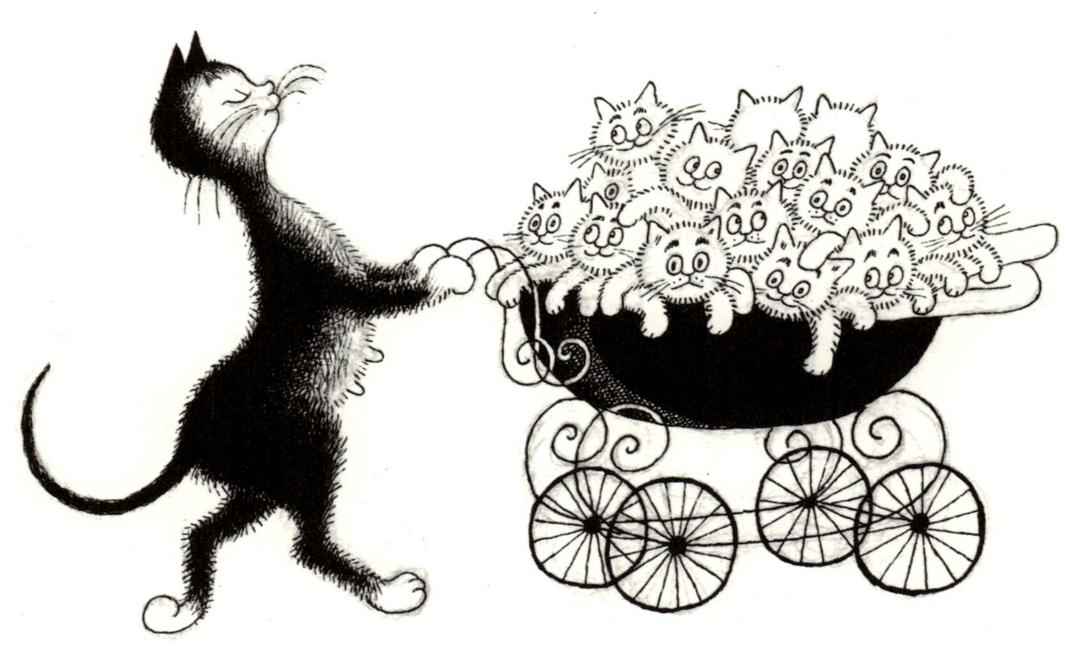

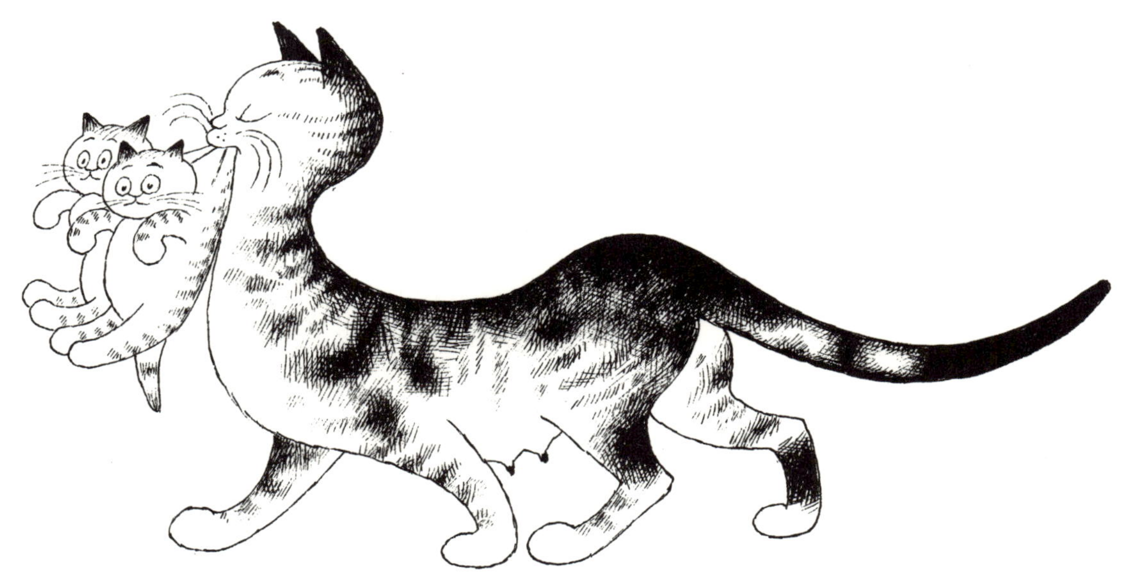

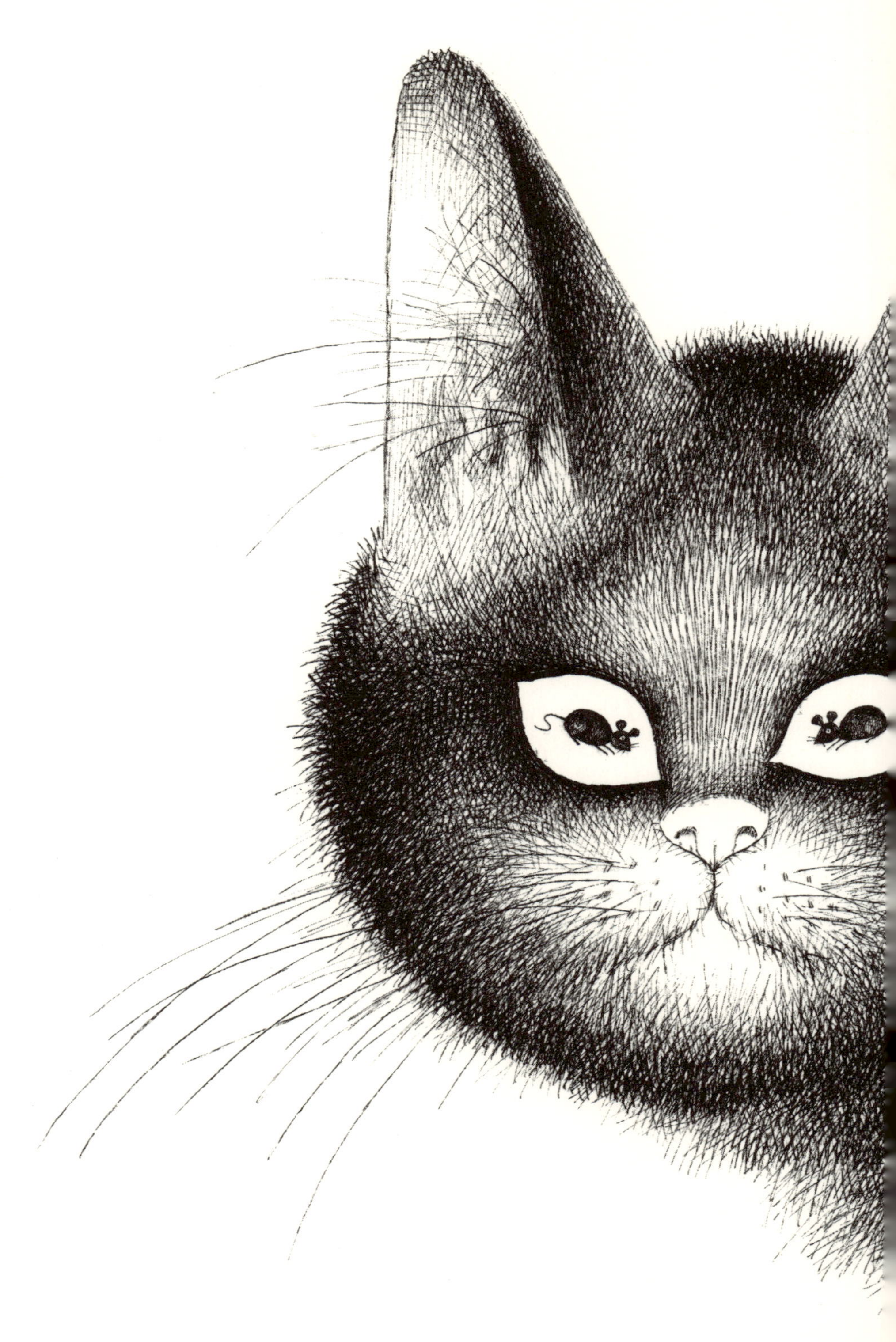

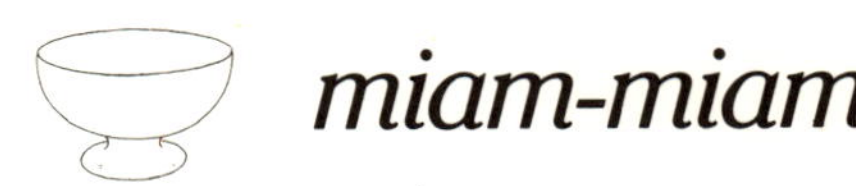
miam-miam

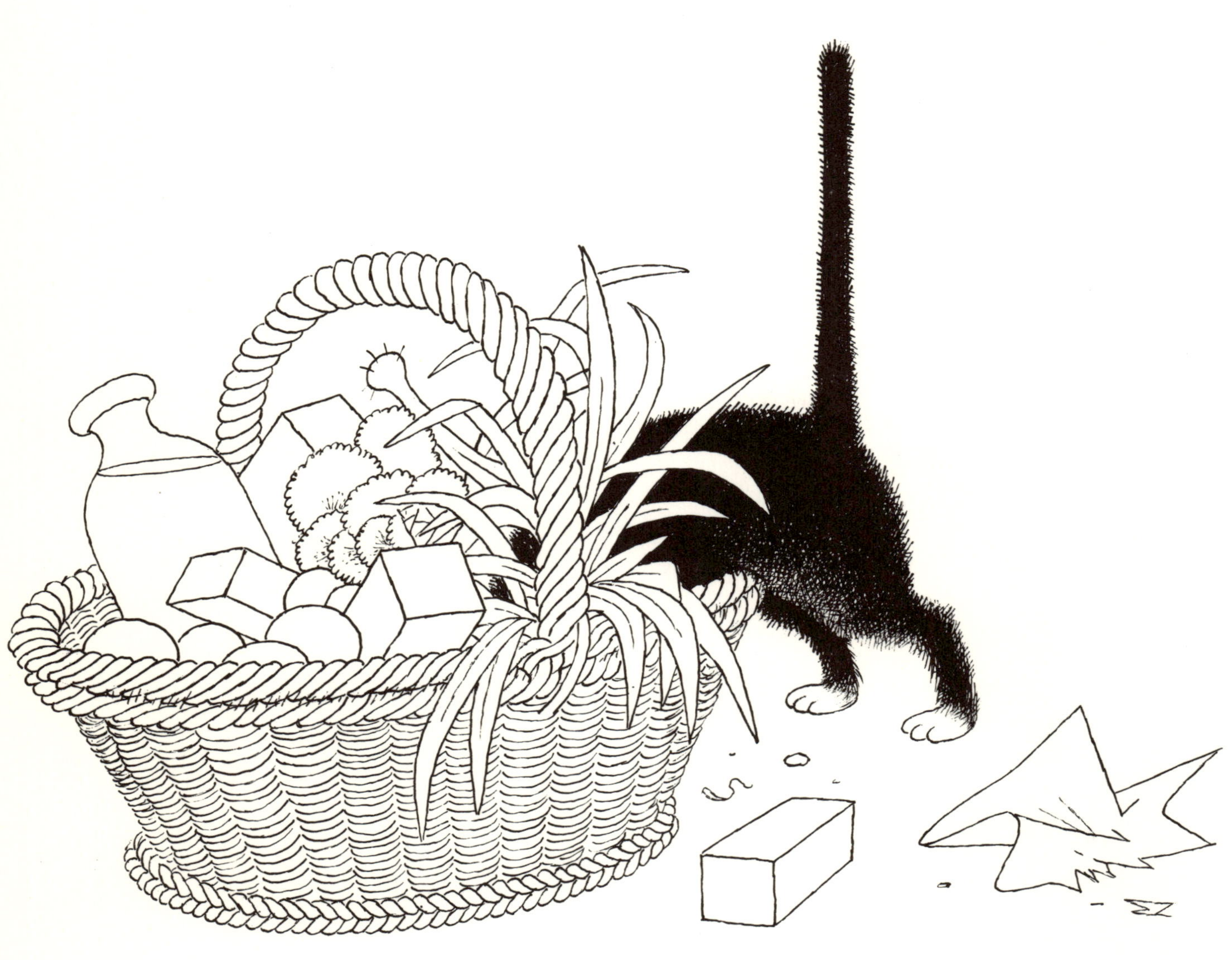

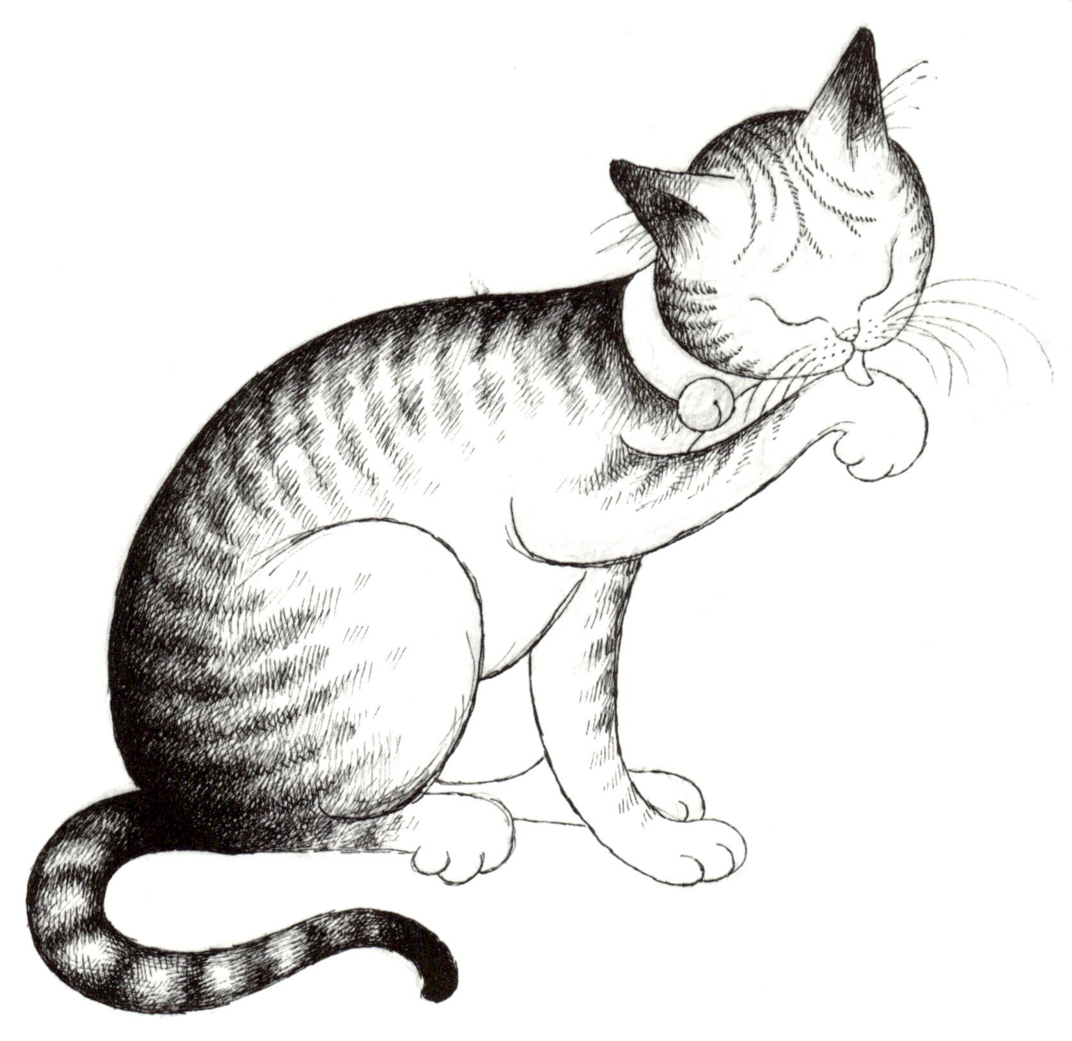

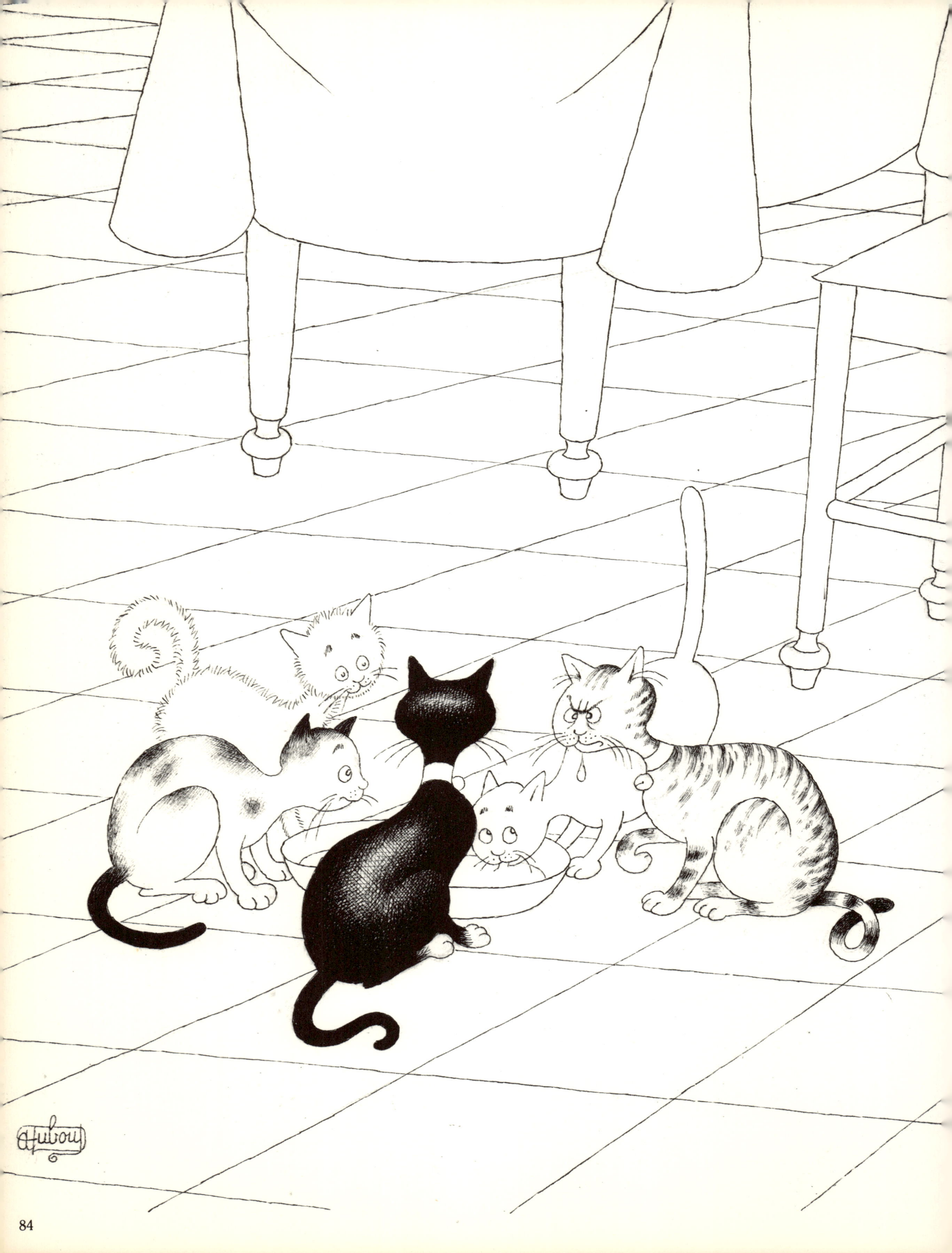
Dubout

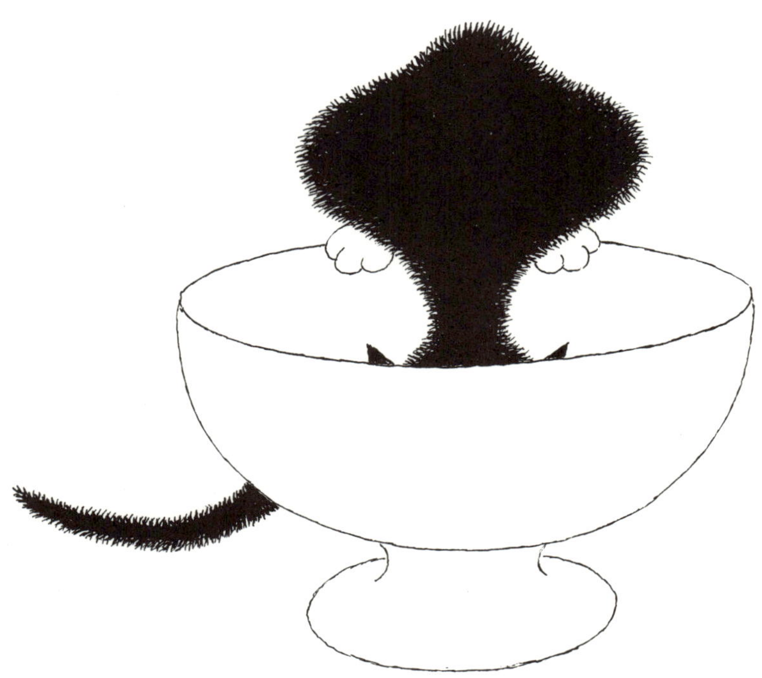

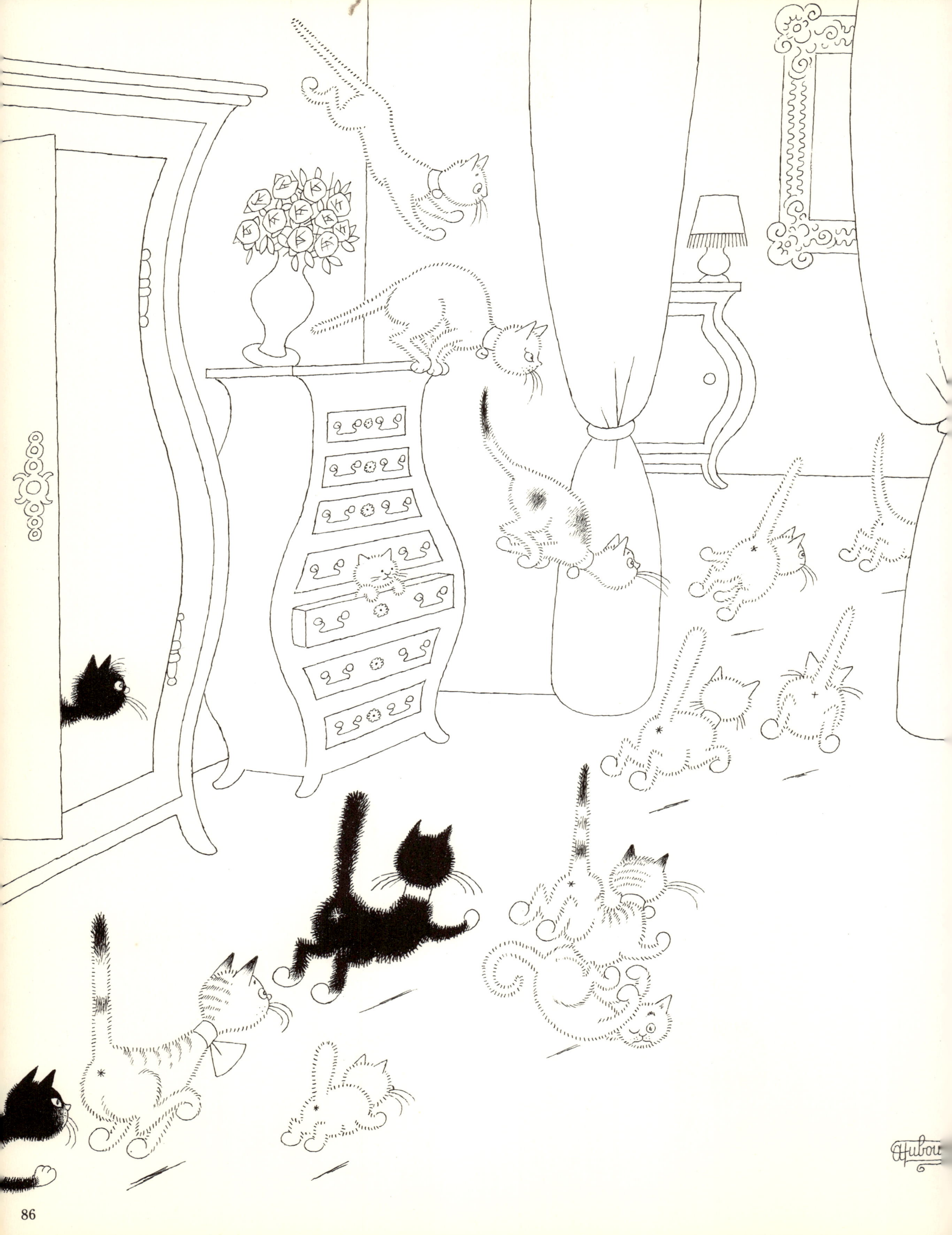
Dubout

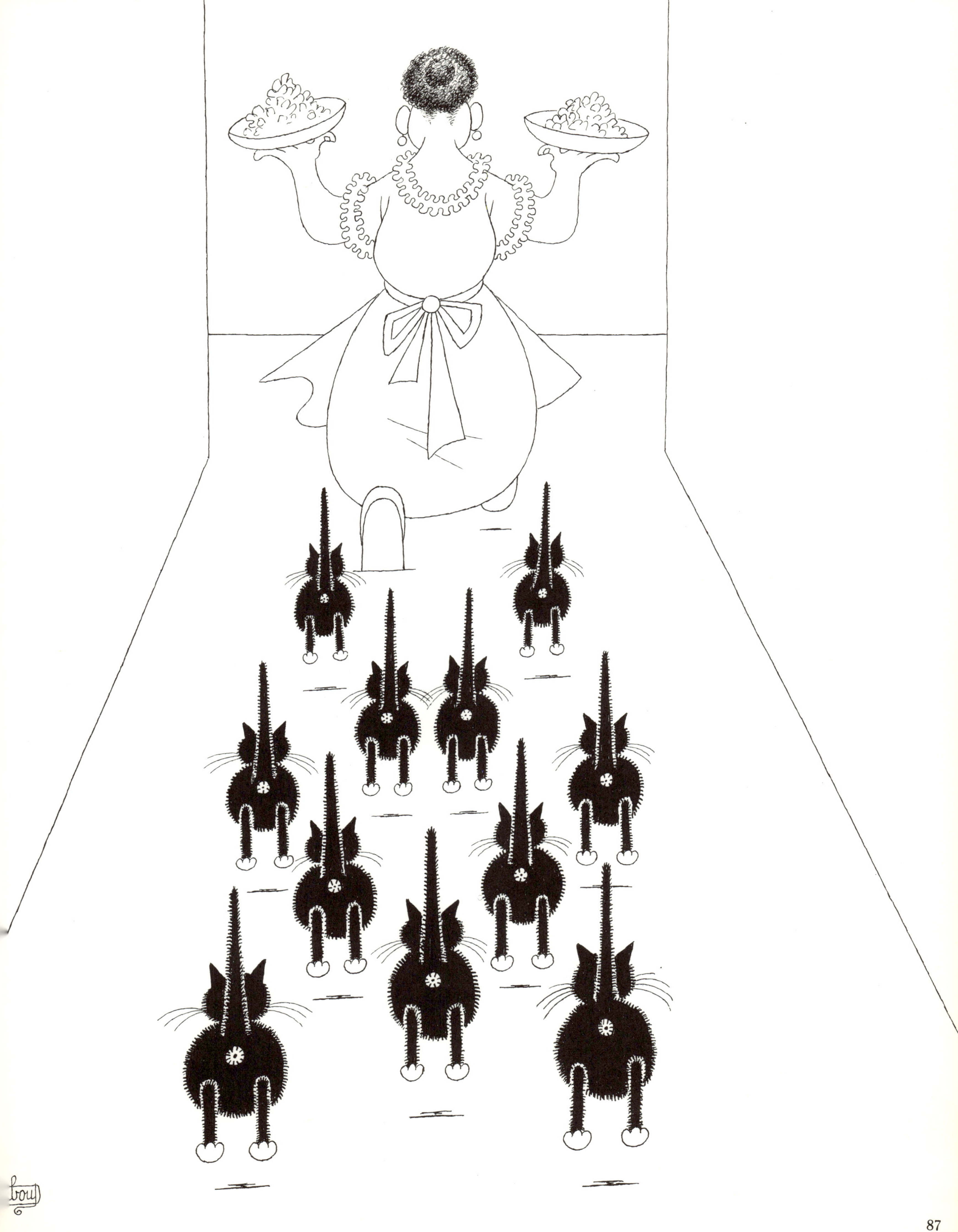

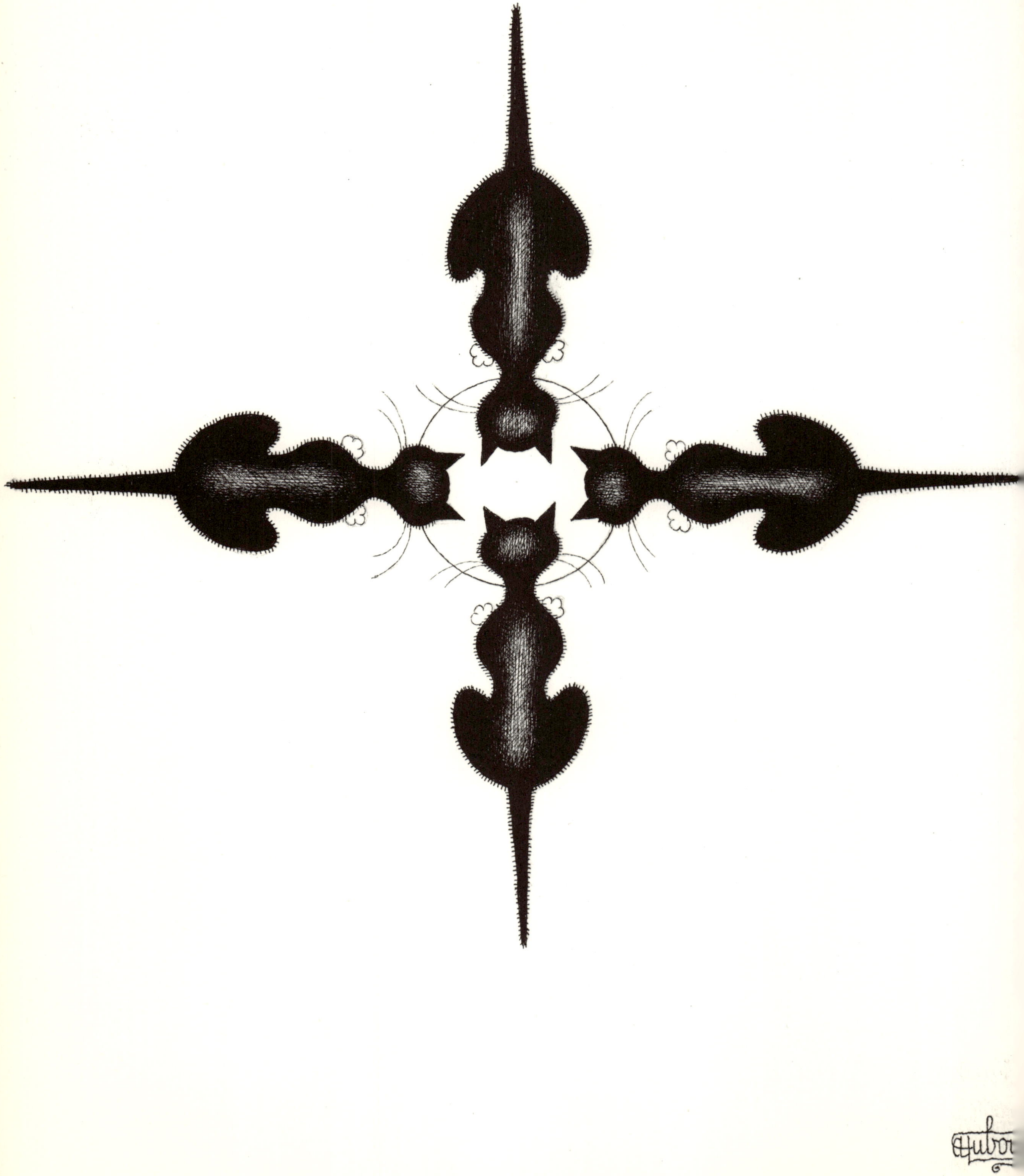

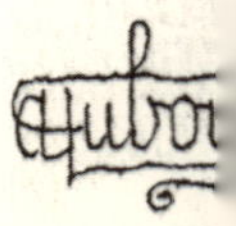

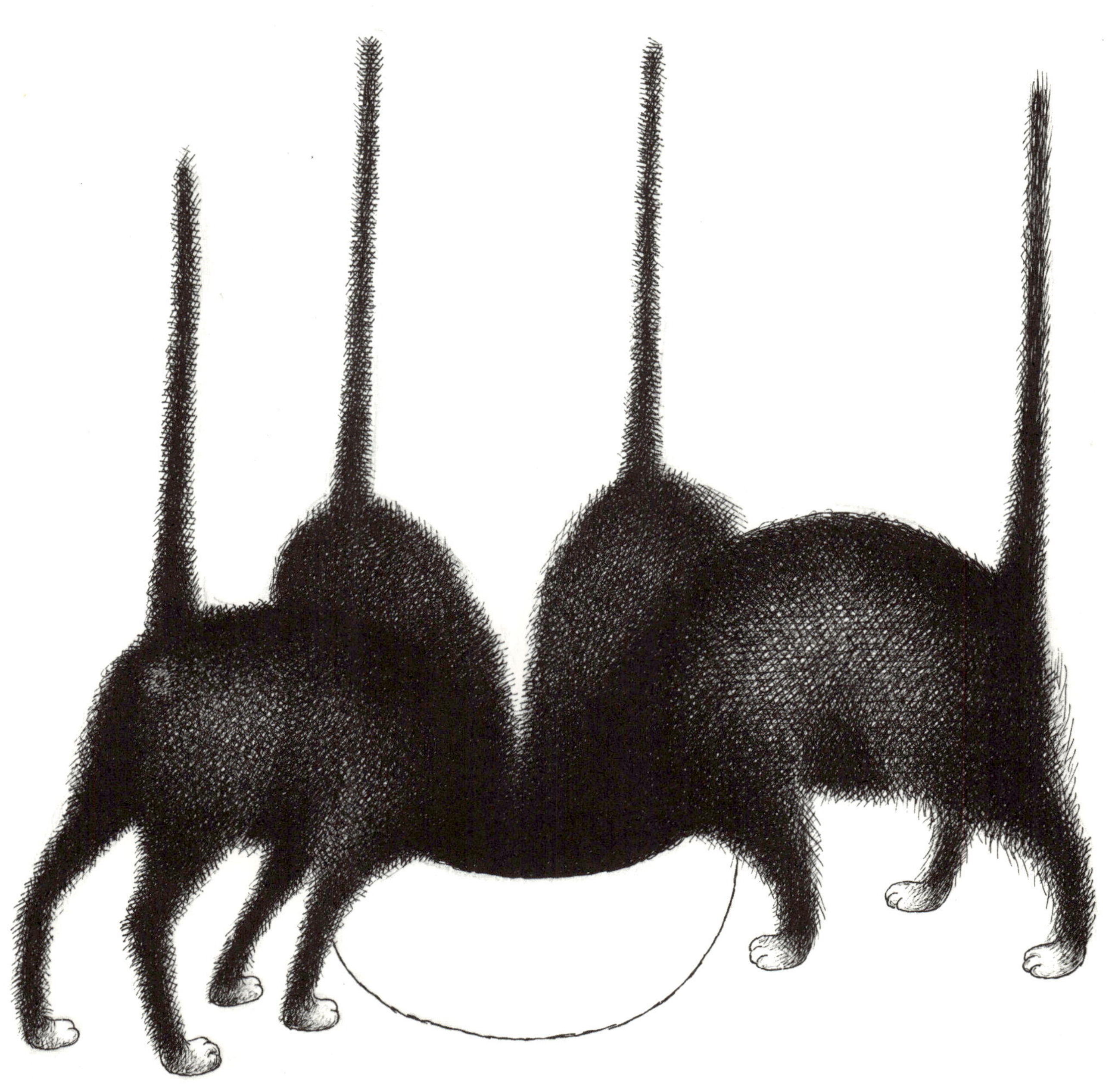

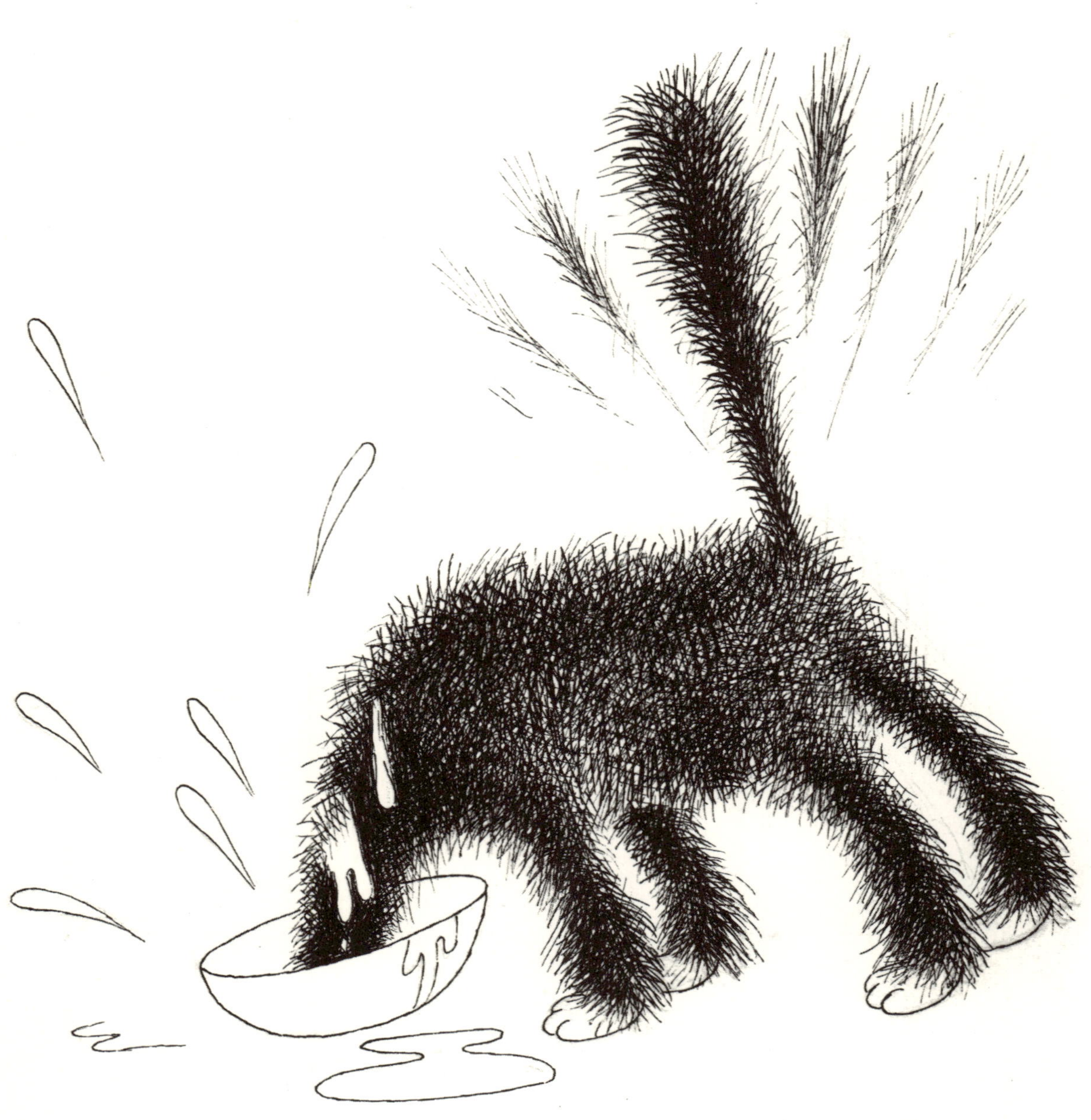

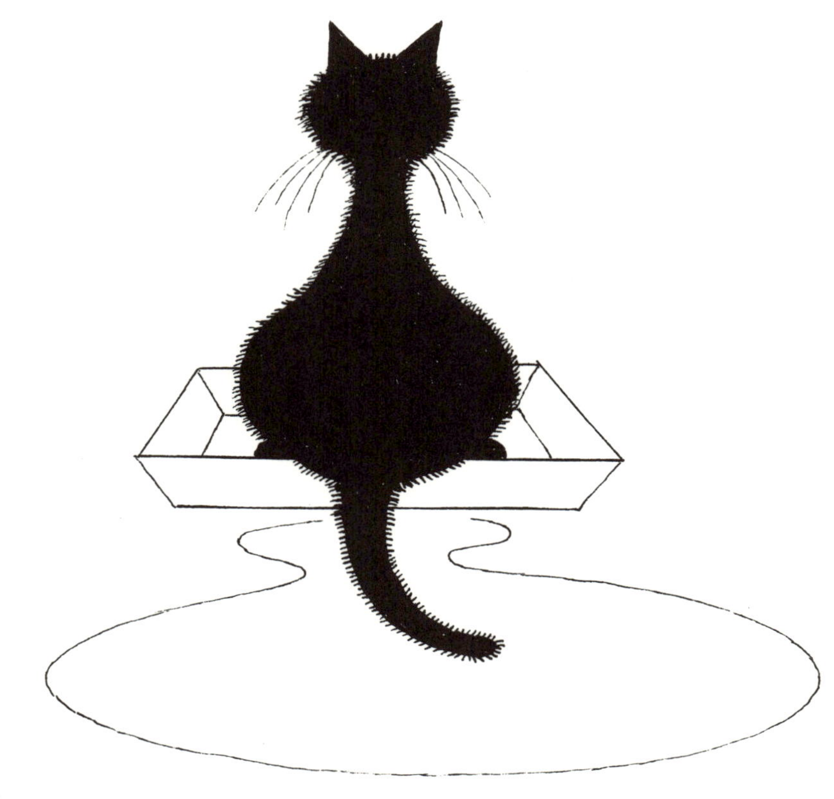

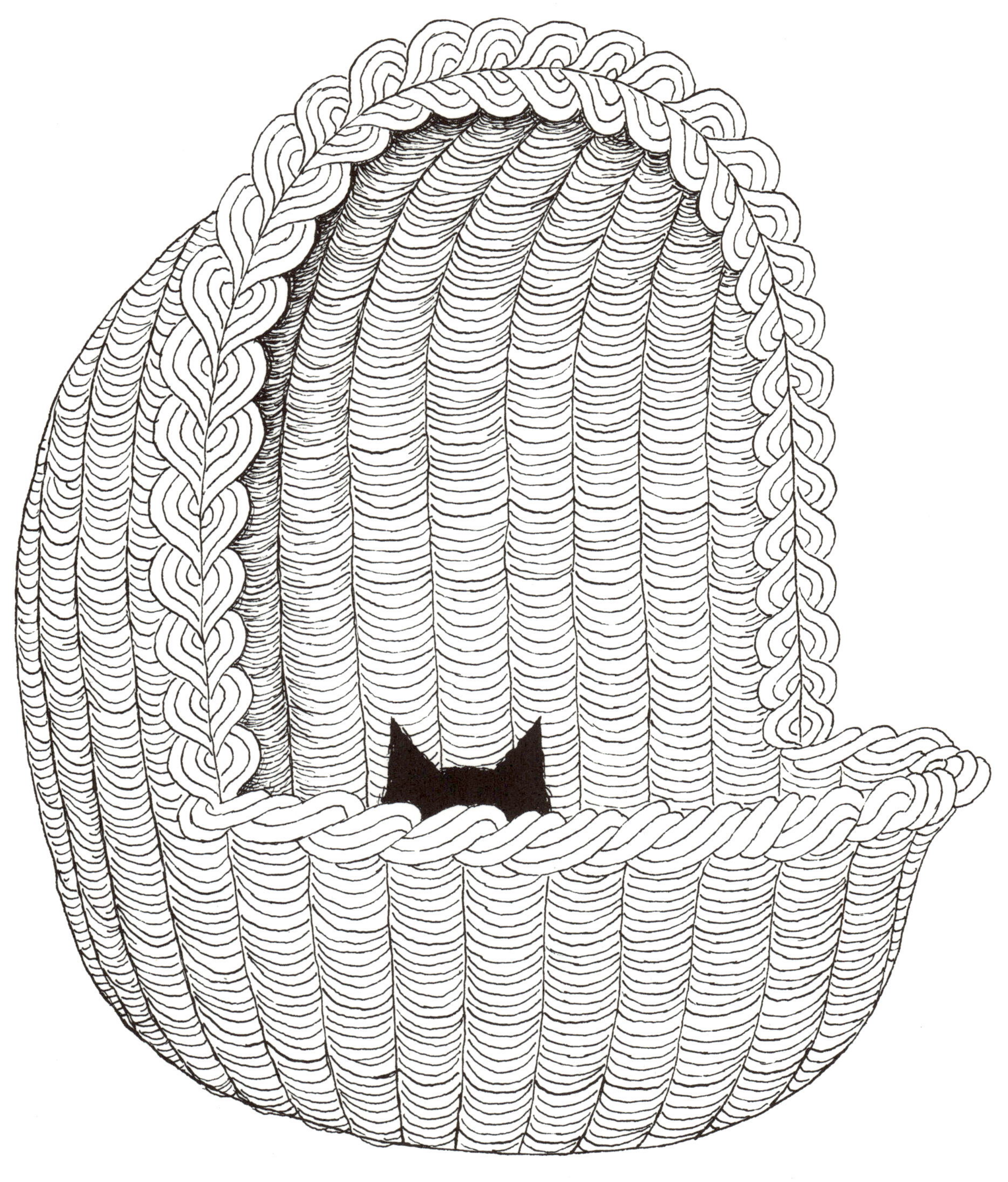

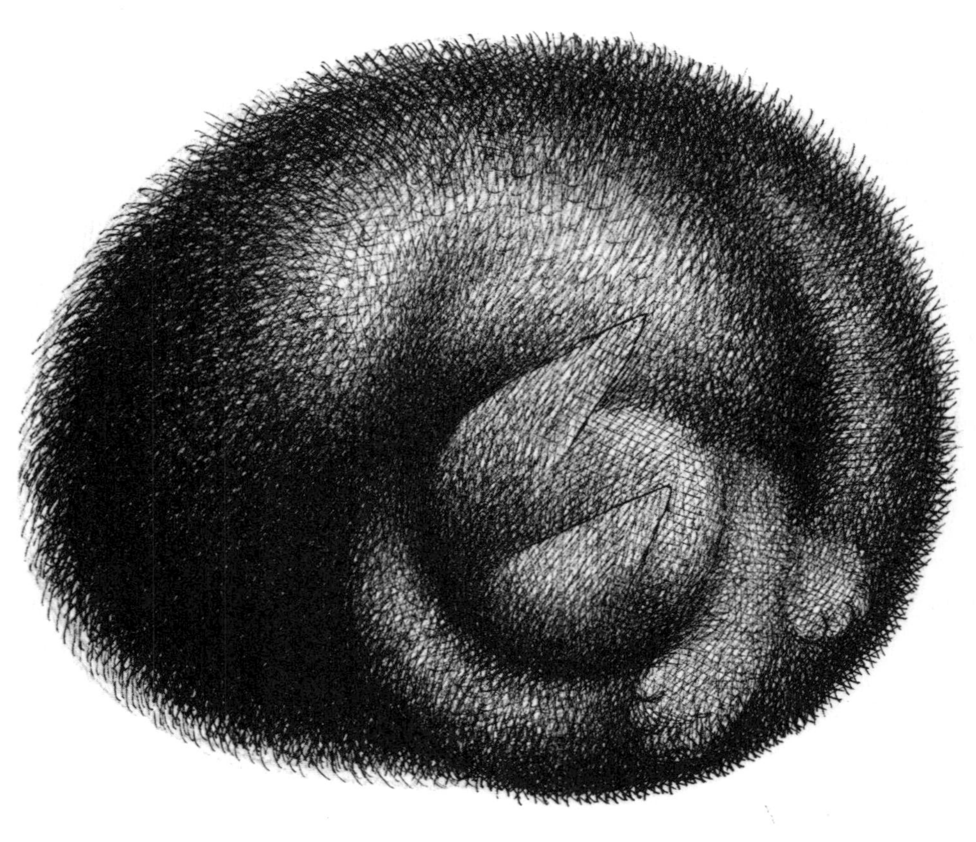

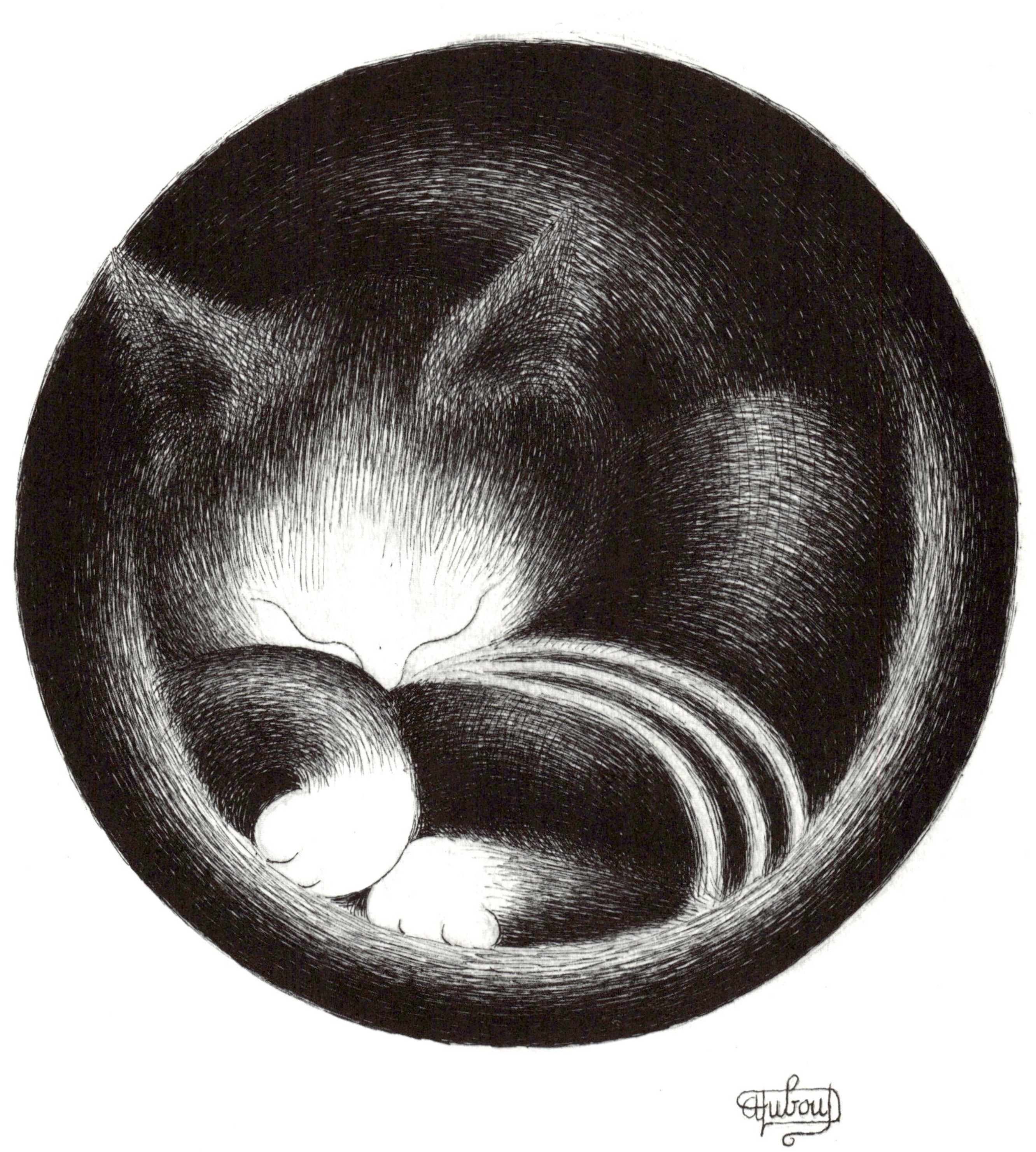

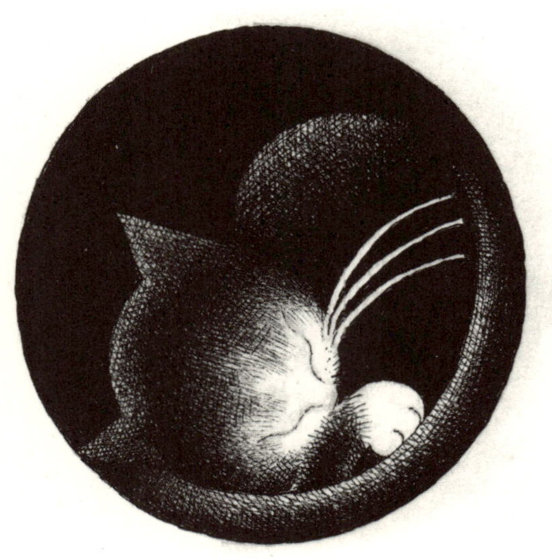

Il a été tiré de cette édition, imprimée sur papier à grains de Rives,
20 exemplaires, augmentés d'un dessin original et d'une estampe,
présentés sous reliure plein cuir, numérotés de 1 à 20 en chiffres
romains, paraphés par Jean Dubout et l'éditeur.
En outre, il a été 230 exemplaires augmentés d'une estampe,
reliés pleine toile et numérotés de 21 à 250 en chiffres romains.
Il a été tiré, dans les mêmes conditions, 10 exemplaires
hors commerce, marqués H.C., strictement réservés
à Jean Dubout et à l'éditeur.
L'ensemble de ce tirage constitue l'édition originale.

L'impression de cet ouvrage
a été réalisée par l'Imprimerie CLERC
18200 Saint-Amand
pour le compte des ÉDITIONS HOËBEKE

Imprimeur n° 3609

Achevé d'imprimer en Mai 1987

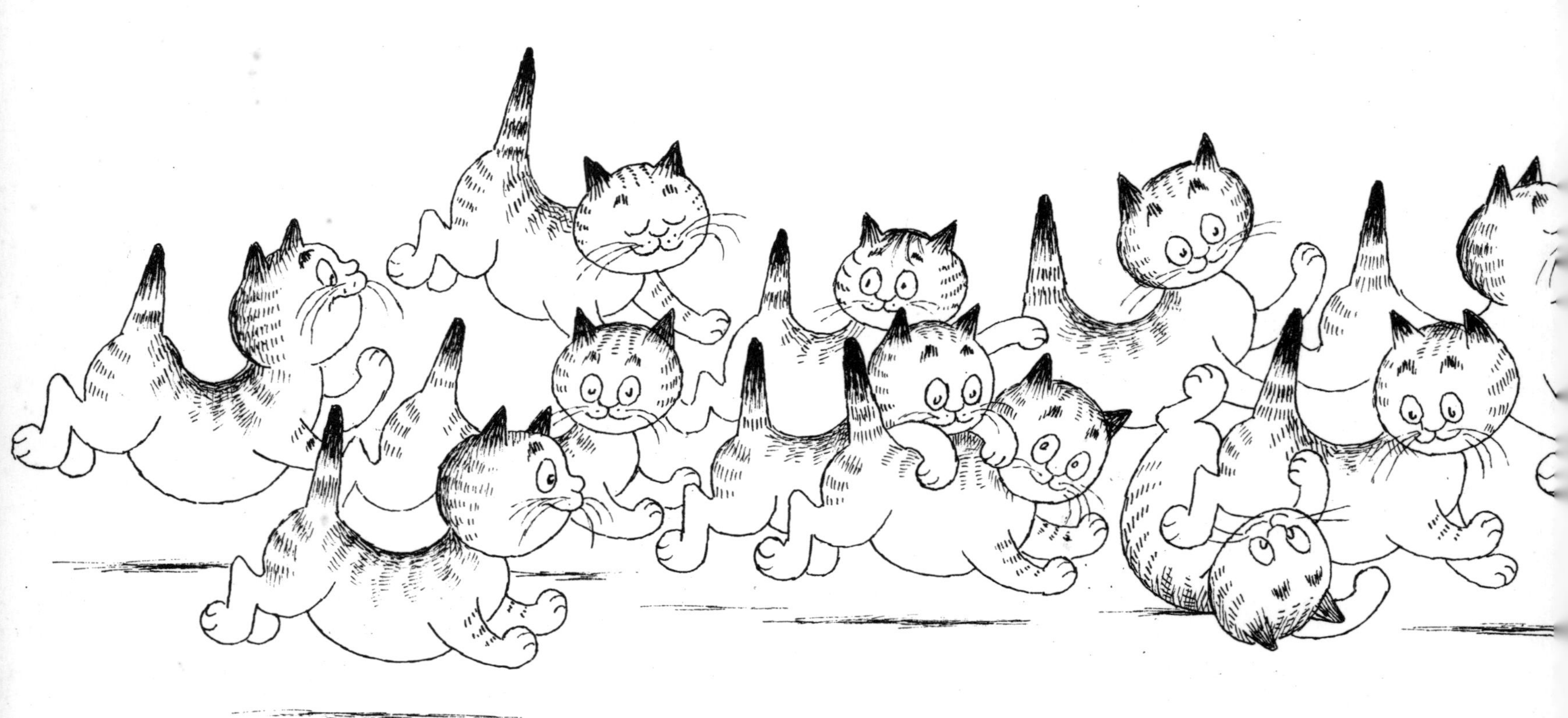